U0152551

HAVE MORE ENERGY

A Blueprint for Productivity, Focus, and Self-Discipline—for the Perpetually Tired and Lazy

精力重启

[美] 彼得·霍林斯 Peter Hollins 著

重构秩序的精力管理，摆脱倦怠与内耗
成为高效、专注、自律的人

中国青年出版社

图书在版编目（CIP）数据

精力重启：重构秩序的精力管理，摆脱倦怠与内耗，成为高效、专注、自律的人／
（美）彼得·霍林斯著；李莉，杨志娟译.
—北京：中国青年出版社，2023.9
书名原文：Have More Energy: A Blueprint for Productivity, Focus, and Self–Discipline–for
the Perpetually Tired and Lazy
ISBN 978–7–5153–6997–6

Ⅰ.①精… Ⅱ.①彼…②李…③杨 Ⅲ.①自我管理–通俗读物 Ⅳ.①C912.1–49

中国国家版本馆CIP数据核字（2023）第136034号

精力重启：重构秩序的精力管理，摆脱倦怠与内耗，成为高效、专注、自律的人

作　　者：	〔美〕彼得·霍林斯
译　　者：	李　莉　杨志娟
策划编辑：	侯雯洁
文字编辑：	侯雯洁
责任编辑：	于明丽
美术编辑：	佟雪莹
出　　版：	中国青年出版社
发　　行：	北京中青文文化传媒有限公司
电　　话：	010–65511272 / 65516873
公司网址：	www.cyb.com.cn
购书网址：	zqwts.tmall.com
印　　刷：	北京博海升彩色印刷有限公司
版　　次：	2023年9月第1版
印　　次：	2023年9月第1次印刷
开　　本：	880mm×1230mm　1 / 32
字　　数：	60千字
印　　张：	6.25
京权图字：	01–2022–1838
书　　号：	ISBN 978–7–5153–6997–6
定　　价：	49.90元

CONTENTS

目 录

精力，让你生活更自由的入场券

ENERGY RULES
EVERYTHING

CHAPTER 1 | 第一章

精力决定一切

　　金钱很重要。时间很重要。但是，这两者都不是生命中能够制约你我的因素。

　　没有精力，时间和金钱都没有多大意义，任何东西都不会真正有意义。想想看：你可能拥有一笔巨额存款，但是因为恶疾缠身而卧床不起，连起身都做不到，更别说去开销享用这笔巨款了，那么这笔巨款对你来说便没有丝毫意义。你可能年轻、聪明、前途无量，但是无时无刻不垂头丧气、无精打采，那么你的青春和潜力也就毫无意义。没有精力，没有行动和执行的能力，再好的意愿都无足轻重。

　　这本书讲的是精力的心理与生理基础，也就是精力从哪里来，我们如何保持精力，以及如何获得更多的精力。我们可以把精力看作是最原始、最基本的财富。精力，不论是心理上的还是生理上的，都好似我们个人生命的基金。它是一眼井，我们从里面汲取自己所有的动力、热情和激情。它可以使一个人的生活枯燥乏味，也可以使另一个做着同样事情的人活得热情洋溢，抱负不凡。

　　精力，是一切的归源。外面的世界很大，想要探索它，我们需要身心充满活力，走出去活在其中。机会比比皆是，但如果我们的精力过度消耗、提不起劲头，在机会来临之际却无法抓住，那么无论命运多么眷顾，多么顺风顺水，或者我们多么幸运都无济于事。

这有点像世界就在脚下，地图就摆在面前，而车却没油了。没有精力，生活就会变得平庸黯淡，甚至会感觉生活正从身边呼啸而过，而自己却因为跟不上而被抛下了。

拥有了精力，世界就是我们的。我们就有了抓住世界的精气神儿和凭恃。我们可以向他人、向周围、向自己、向我们的梦想敞开怀抱，行动起来。我们有了一砖一瓦去建造理想世界所需要的东西，步伐之中也有了韧性和活力去欣赏已拥有的一切。精力是燃料，它为生活中一切美好的事物提供能量，无论是创造力、富有成效的工作、解决生活问题的新方法、个人的发展、丰富的人际关系，还是仅仅拥有强壮的身体、清晰的头脑和健康的情绪所带来的简单快乐。

精力了不起的地方在于，在某种程度上它可以自我滋养，自我激励。精力充沛的时候，我们行动果断，目标明确。我们能够做到心无旁骛或不受诱惑，也能够接受挑战，推动自己一点点进步和成长。当获得成长的时候，我们又会受到鼓舞，继续前进，在当下为明天的自己创造最有利的条件。精力充沛的行动会产生累积效应，它能够支撑我们面对生活的考验和困难，为我们的胜利、庆贺增光添彩。

遗憾之处在于，反之则反。精力不济会让人产生更多的冷漠感、更多的倦怠感，以及更多的无精打采"丧"的感觉，而这种感觉停留得越久就越难以摆脱。精力不济时，我们更容易选择舍难取易，从而放弃自己的梦想，因为追寻梦想的道路太过艰辛。或者，我们忍受自己和他人的负面行为，不然就会无所适从。结果就是持续不断的自我强化行为，让自己过上一种妥协的生活，但又感觉单调、乏味、糟心。

为什么要重视精力，这就是原因所在。不管生活中有多少美好的事物，如果我们没有精力好好去融入它们，欣赏它们，把它们活出来，就相当于压根儿我们就没能拥有这些美好的东西。

在某种意义上，我们可以把它理解为"零的乘法"。

这是一个心智数学模型，强调对弱点进行补强的重要性。在数学中，无论是怎么样的等式或表达式，只要你在任何一处乘以一个零，最终的结果始终相同，都等于零。我们自以为像毕达哥拉斯或笛卡尔那样，正要迎来数学大发现，但是假如有一个零趁我们不注意时悄悄混入，那么一天的工夫就白费了，再怎么绞尽脑汁或讨价还价都改变不了结果。

因此，缺乏精力就像乘法归零，会抵消我们所有其他的努力和意愿，不管它们有多么伟大或者高尚。虽然我们可以尽力地不断加强其他的变量（就个人目标而言，如愿望、希冀、梦想、良好的意愿和自我鞭策等），但事实上都于事无补。因为就算是无穷大乘以零，结果仍然是……零。

俗话说，链条的坚固强度取决于它最薄弱的环节。即使我们生活中所有的"环节"看起来都很好，它们对不稳定的那一环也无能为力。那个"零"会削弱和破坏整个链条的坚固强度。

在这本书里，我们先来探讨一些方法，以确保我们的精力商数不要为零，或者确切地说，确保它始终是你可以随手支配的最强有力的变量之一。之后，我们将集中优化等式的其他部分：学会战胜拖延症；设定更好的目标；驾驭我们的心理使它更加高效。通常我们会发现，提高精力是治愈我们病痛的真正良方，因为它让我们充满毅力，向深处挖掘并达成目标。这就是隐藏在自律和坚韧等性格背后的真正秘诀。

让我们来看看现实生活中的一个例子。打记事起，你就一直想写出一部特别的小说，讲一群猫和谋杀案的故事，地点设定在夏威夷的瓦胡岛上。如此多奇思妙想，让你想要给全世界拿出点真东西来，但是不知怎么回事你一直没能落笔。早上醒来时你向自己保证，今天一定要抽出时间坐下来写作。一想到情节的演绎、角色的塑造，还有独创一门新语言（给那群猫用）的奇妙，你几乎按捺不住了。可是，一天的辛苦工作之后，你通勤回家，接着忙家务以及处理过日子的种种，人就累瘫了。忽然之间，灵感似乎开始闪烁。于是，伟大小说梦拖延到了明天。接着，明天推迟到下周，下周又推迟到了下个月，然后就这么一拖再拖。

我们看一看与你处境类似的那些人，他们同样为写小说而苦恼，其常见建议如下：听听其他人对你写这部小说有何建议；读读书，看怎么制订出更好的计划和大纲；要么加入一个写作小组，要么请一位写作指导老师帮自己走出"创作困境"。这些建议试图让你改进或优化等式中的其他变量，但是都没有击中要害。其实，你没有创作困境，也不需要指导老师。你只是精力耗光了，却还在使劲做零的乘法。还是那句话，当精力为零时，其他的东西都不起作用。只要出现这种情况，你真正关心的事情就会状况不断。

　　一旦抽离出来，俯视全局，你便会发现，在个人发展领域，人们在不断地付出近乎无望的努力去增大等式中的其他变量，却对那个抵消一切的大大的零无动于衷，这样的例子比比皆是。我们可能会浪费时间，试图从心理、认知、习性、行为甚至是精神层面去理解为什么我们实现不了那些已经明确认为重要的事情。其实，不必诉诸上述这些理论，就可以理解这一切，因为答案很简单：我们累了。我们只是精力耗尽了。我们的燃料用完了；我们的电池需要充电了。

　　毕竟，归根结底我们都是血肉之躯，都是需要花费精力来工作、行动、交流和生存的有机生命体。如果精力不济，那么其他方面也就全都无关紧要。所以，如果你已经疲惫不堪，一天的生命"燃料"已经耗尽，再去谈论动力、激情、灵感甚至更深层次的东西，比如生活的目标和愿景，那都是徒劳。

请将这一点牢记在心，让我们把注意力从等式的其余部分移开，更多地去了解一个正在悄然毁掉我们所有努力的因素：那个微小却有着巨大威力的"零"。我们可以把精力（包括心理的和生理的）分成四大类。托尼·施瓦茨（Tony Schwartz）*提出的精力金字塔概念对此进行了详细的描述。

金字塔思维

拖延工作，往往是因为没有精力去做该做的事。当觉得工作令人疲惫时，我们太累而没办法专注，容易分心走神，做不完安排好的工作。真正的问题是，人们对底层的精力金字塔缺乏关注，而正是它为我们所有人提供动力。

这是一个比我们想象的还要重要的问题，因为精力比时间更为重要，它是一种我们每天都必须要保护的有限资源。如果没有精力付诸行动，那么我们在这本书里学到的任何东西都不会让我们发生一丁点儿改变。

精力会耗尽。一旦精力耗尽，就必须再蓄能。精力金字塔是帮助我们理解精力管理的一个很好的工具。吉姆·洛尔（Jim Loehr）*和托尼·施瓦茨在合著的《精力管理》*中提出了精力金字塔这个设想。

精力金字塔是一个四层的金字塔。**体能精力**在底层，**情绪精力**在第二层，**思维精力**在第三层，**意志精力**在顶层。每一层都在我们的精力积累或消耗中扮演着重要的角色，每一层都依赖于它下面的层级来维持自身。了解精力资源池中的资源是相互关联的，能够让我们对自己更加负责，创造更多的精力。换句话说，如果精力和投入达不到某个水平，我们甚至不可能集中精神、着手工作或克服拖延症。

精力金字塔提出来一个精力管理模型，本书的大部分内容都遵循这个模型。

精力金字塔指出，我们必须首先注重提高我们的**体能精力**。体能精力是所有其他精力层的基础，也是我们所有精力需求建立的基础。为了管理体能精力，我们必须注重身体健康。我们必须吃得健康，必须保证充足的睡眠和足够的锻炼。

听上去有点枯燥，有时候也的确如此。毕竟，如果没有吃蔬菜的习惯，那么采取健康饮食后的第一反应将是消化不良。但是，随着时间的推移和坚持不懈的努力，好好吃饭会调节我们的肠道菌群，增加我们的精力。锻炼也是如此。起初，锻炼让人感到疲劳，就算完成日常的运动量都令人筋疲力尽。但坚持一两个星期后，我们会逐渐感觉到精力充沛。曾经困难的事情变得容易了。当事情变得容易的时候，伴随而来的是精神焕发，让我们在余下的生活里游刃有余。

睡觉，至少是一件总能令人感觉不错的活动。虽然我们很多人希望自己不需要睡觉，能够一直不停地干活，但有一个不争的事实：人是需要休息的。缺乏睡眠，我们会打哈欠，注意力涣散，最终在需要我们做事的时候一头睡过去。相反，当我们努力保证睡眠充足时，我们就会精力充沛，准备充分，精神专注，不会不合时宜地打瞌睡。

作为精力金字塔的基底，体能精力最奇妙的一点是，它的量不是绝对的。想要从健康的改善中获益，我们不必像青少年那样剧烈运动，也不必像营养师那样注重健康，更不必像小熊维尼那样睡个够。我们所要做的，就是找到可以改进的空间，然后去改进。好处几乎是立竿见影的，用心体会注重健康带给我们的愉悦，可以激励我们坚持下去。

7分钟晨练

本着这样的精神，我们可以马上着手改善自己的身体健康状况。而且，不需要做出多么翻天覆地的改变就能获益。锻炼刺激大脑释放快乐激素或内啡肽已经得到证实。它可以促进血液循环，给身体注入新鲜的氧气，改善情绪，增强肌肉力量，保护心脏健康。

为身体健康打基础的一个好方法是进行日常锻炼，时间最好放在早上。不需要多么高强度，只要7分钟，就足以让一天有个好的开始。我们的身体在夜间进入休眠状态。醒来，不仅仅是意识的苏醒，还可以促进新陈代谢，激活肌肉，让我们的身体整个系统为新的一天做好准备。一个7分钟的锻炼，就可以帮助我们清醒过来，开启充满活力和灵感的一天。

首先，养成一醒来就拉伸的习惯。醒来后立即起床，四处走动，深呼吸，然后让自己出现在明亮的光线里。我们可以选择以任何自己喜欢的运动形式进行快速晨练，不过在这里有一些建议：

· 选择户外短时慢跑，激活肌肉，让肺部充满新鲜空气。也可以尝试在室内原地跑，甚至在客厅里跳操，也可以在跑步机上跑步或踩动感单车。

· 选择快速的有氧运动，如跳绳或健美操。

· 选择最喜欢的自重训练，如普拉提，确保锻炼到所有的核心肌群。

· 如果选择做某项运动，尝试做针对性的目标训练。

· 记住，运动前后都要做拉伸，因为早晨的肌肉和关节特别脆弱！

7分钟晨练的魅力在于每天都可以锻炼，而且无法为没时间找借口。因为它花费的时间足够短，让我们几乎意识不到自己在花时间做一件事；它又足够有效，让我们维持身体的灵活、强壮和健康。别再找借口说时间不够用！我们可以轻轻松松地在早上淋浴之前挤出7分钟时间，也可以在每个早晨醒来的时候完成锻炼。

　　将健身锻炼纳入我们早间日程的一个常用方法，是制订一个每天都执行的固定计划。2013年，"7分钟科学锻炼法"首次发表在美国运动医学会（American College of Sports Medicine）的《健康与健身杂志》（*Health and Fitness Journal*）上。这种高强度的锻炼涉及全身，已被证实可以提高整体表现，增强心肺耐力，改善血压。在网上可以找到这种锻炼方法，具体如下：

- 30秒开合跳
- 30秒背靠墙静蹲（背部紧贴墙壁，缓慢下蹲至大腿与地面平行）
- 30秒俯卧撑
- 30秒仰卧起坐
- 30秒单腿上椅（跳箱）

- 30秒深蹲（双臂向前，膝盖与脚尖保持同一方向，臀部向后）
- 30秒背椅仰卧撑（可以撑在两把椅子之间做）
- 30秒平板支撑（身体尽可能伸直，靠前臂支撑）
- 30秒原地高抬腿
- 30秒弓箭步（膝盖不超过脚尖）
- 30秒俯卧侧转（双侧分别扭转向上打开身体）
- 30秒侧平板支撑

　　每个人的健康水平不同，上面的建议可能有人望而生畏，有人觉得老套乏味。但是，7分钟晨练的目的不仅仅是为了减肥或练出肌肉。老实说，就一个完整的体能方案来说，一天7分钟的锻炼时间是不够的。然而，早上的7分钟为一天中其他更健康的活动奠定了基础，可以让我们充满精力和动力，继而让我们更容易进行其他锻炼。

　　仔细想想，7分钟根本算不上什么时间。但在这7分钟里，我们可以清醒过来，让每组核心肌群都充满活力，也让自己充满动力，集中精力迎接新的一天。每天自律的锻炼给我们带来的好情绪和成就感，也会影响到我们生活的其他方面，我们就会有更多的精力和动力去做其他重要的事情。

有太多人整晚蒙头大睡，第二天懒洋洋地爬起来，连个伸展都不做。之后，一屁股坐在办公椅上，连续工作好几个小时。这种久坐的生活方式不仅会毁掉我们的身体健康，还会对我们的整体情绪和精力水平造成实质性影响。的确，我们不会因为每天早上锻炼7分钟就变成阿诺德·施瓦辛格，但我们绝对会发现，当以正确的方式开启每一天的时候，我们会变得更有精力、更有目标、更自律、更专注。

引导精力的4个原则

一旦身体健康开始改善，我们就有精力去考虑精力金字塔的第二层：情绪精力。先照顾好我们的身体需求是至关重要的，因为我们的情绪有赖于我们的身体健康。因为当太累、太饿或者营养失衡而无法清晰地思考的时候，我们也就无法专注于情绪的追求。情绪精力就是保持健康的心态，或是至少不被负面情绪所困扰。

有些情绪不是由生理状态直接引起的，但是它们也会促进或妨碍我们的工作能力。积极的情绪，如喜悦、期待、兴奋乃至感受到挑战，都会令我们更投入，精力也提高。反之，焦虑、沮丧、悲伤、愤怒和痛苦这样的负面情绪就会像重担一样压得我们喘不过气来。

在被负面情绪压倒时，我们很难集中精力投入工作。但情绪不是我们有意识选择的东西。有时，即使我们知道自己没事也会焦虑；有时，即使我们知道自己没有权利生气也会生气。有时，糟糕的事情发生时我们会感到悲伤或委屈，但是，即使此时的负面情绪是合情合理的，也无助于我们的学习和成长，也不会给世界增添任何价值。

对付这些现代社会中的"怪兽"，最好的武器就是认知重构。面对一个我们认为无法克服的挑战时，我们不要为不可避免的失败而哀叹，而是要想一想，如果我们失败了，我们能从中学到多少，成长多少。毕竟，失败是成功之母。没有人做任何事情都能一举成功；失败教会我们在未来去做出不同的选择。被冤枉的感觉和复仇的本能都是最常见的负面情绪，只要转移关注点就可以很容易克服它们。其实，发生在人们身上的大多数事情从来都不算坏事，而是中性的；至于它们会在我们生活中起到什么样的作用，则取决于我们自己内心的选择。

感觉好是做得好的关键。关注那些小确幸，培养感恩之心，对我们的情绪健康非常有益。要想感觉好，我们就得心甘情愿放弃负面情绪，对一切事物的积极面心存感激。做好分内之事，快乐就会洋溢。快乐的时候，我们会更加充满活力，并且更加出色地完成自己的任务。

思维精力是精力金字塔的第三层。为了使思维精力充沛，首先我们必须保证情绪精力和体能精力充沛，否则将难以战胜自己的疲惫和不快。思维精力与有意识的主观思维有关，能够让我们在干扰和诱惑下保持专注和自律。

这一层要求我们控制自己的思维。我们可以评估自己的想法并做出反应，从而自主地选择思维方式，而不是被动地接受第一个出现在脑海中的想法。思维精力指的是在完成任务和实现目标时，我们可以锻炼思维"肌肉"和思维技巧。

带着乐观精神投入任务是建立思维精力的一个重要部分。如果从一开始就持有消极态度，我们就会认定自己会失败。例如，孩子们往往会因为陌生食物"看起来"不好吃而拒绝尝试。即使我们不理会他们最初的判断，说服他们去尝一尝，他们往往也不会喜欢那个味道。因为他们已经认定这种食物不好吃了，这就是他们不喜欢的缘由。不过，当孩子们看到陌生食物时，如果想的是自己可能会喜欢，或者不带任何分别心而接受时，他们通常会喜欢上陌生食物。

对于成年人以及我们需要完成的任务来说，也同样适用。我们怀着兴奋的心情去展现自己的能力时，通常会做得很出色。如果预设自己会失败，就很难取得任何成果。更有甚者，当我们告诉自己一切努力都是徒劳时，情绪精力层面的恐惧感也会被唤醒。

除了乐观，还有一些方法可以提升我们的思维精力。自我谈话，也就是与自己对话，可以帮助我们的思维去芜存菁、去伪存真。

在脑海中设想项目成功的场景可以给项目实现的过

程带来现实感；我们也可以通过冥想来优化思维状态，从而抚平身心的紧张感。甚至把时间管理得更好也可以在思维精力这个层面发挥作用，因为我们是用思维来安排时间并评估任务能够使用以及应该使用多长时间完成。

等我们管理好时间、引导好情绪、确保思维是有益于我们而不是阻碍我们之后，我们就会拥有更多的精力，就会发现眼前的任务更容易了。

管理好思维之后，我们面对的是精力金字塔的顶层：意志精力。这一层无关乎宗教，而是鼓励我们理解自己的核心价值观，敦促我们将自己的行动与价值观保持一致。例如，重视助人的人可能在医疗工作中表现出色，却在销售工作中表现糟糕，因为其价值观在医疗职业道路上能够得到满足，而在销售这条道路上，他们很难找到价值感。

意志精力就是在我们所做的事情中找到目标与激情，它们是世界上最好的激励因子，只有在我们的行动与我们的核心价值观一致时才会出现。为了获得并加强意志精力，我们必须找到那些能让我们更接近自己的核心价值观和激情所在的活动，同时避开那些适得其反的活动。我们在做自己认为重要的事情时，就会产生强大的动力，推动我们不断前行。一旦完成任务，我们就会产生自豪感和成就感。

体能精力、情绪精力、思维精力和意志精力，都是精力管理的组成部分，这是精力管理的第一条原则，也是首要原则。只要达到精力金字塔4个层次的目标，就必然会精力勃发，但现在我们还不知道该如何有效地引导和管理我们的精力。事实上，我们可能对自己正在做的事情过度狂热，以致倦怠的风险。

该如何避免这种情况呢？这就涉及精力管理的第二条原则：使用精力的时候，必须考虑到它的再生性。一个人不管多么精力旺盛，都不可能永远保持全速前进。休息是必不可少的。不光我们的身体需要休息，我们的思想和心灵同样需要休息。

不从正在做的事情中休息一下，我们就会变得紧张沮丧。这些负面情绪往往伴随着负面思维，两者都会迅速地消耗精力。

为了防止这种情况的发生，我们必须定期抽离，才能令我们的心灵得到疗愈。滥用会导致被滥用的资源遭受破坏，精力也是一样。休息能让我们得到恢复，变得更加强大。

与第二条原则相比，精力管理的第三条原则提醒我们，突破极限是成长所必需的。我们不能百无聊赖地坐在那里干着重复性的工作就期待自己有所进步，这是不可能的。想要成长，必须不断向自己发起挑战。

舞者就非常清楚这一点。跳舞之初，几乎所有人都无法绷直脚尖。但是坚持训练可以让他们拥有更加强壮的肌肉，拥有更好的形体。有时，我们需要多年坚持不懈的努力才能达到真正的目标。但是，达到目标的方法又很简单，无非就是设置一个挑战，在我们的体能、情绪、思维和意志允许的情况下，越来越靠近它。

即使从事非体力工作，也需要我们突破舒适区，才能成长。做过公开演讲的人都会知道这一点。大多数人在最开始几次演讲时都会感到害怕，而且这种恐惧往往能够被观众觉察到。演讲者会颤抖、结巴，不断重复演讲稿中的某些内容。起初仿佛情况永远不会好转。但锲而不舍的精神会鼓励紧张的演讲者迎难而上，重新尝试。慢慢地，演讲变得容易起来。最终，真正坚持不懈的人将会发现演讲是一项令人愉悦的活动。如果没有公开演讲的挑战激励我们取得成功，这一切是不可能实现的。在精力金字塔的每一层，我们都可以挑战自我，让自己勇于直面新的困境并从中获益。

精力管理的第四条也是最后一条原则告诉我们，必须建立精力管理的习惯来保证全情投入。尽管人类有思考和选择的能力，但我们的大多数行为都是基于习惯。我们往往做而不想。对于不得不去想的事情，又往往想而不做，至少不会做很长时间。这意味着，把精力管理转变成永久性的行为是很有必要的，这样我们就不必总是提醒或说服自己去养成好习惯。

有节食经历的人对此应该深有体会。一般来说，一旦减重，任何短期的饥饿都会导致我们习惯性地进食。接下来会发生什么呢？体重回升，又得重新节食了。这种模式尤其具有破坏性。这是因为，只要我们没能在生活中做出真正持久的改变，旧的行为就会卷土重来，后果就会显得越来越不可避免。其实陷阱并非不可避免，但是要避开它，需要做出真正的、永久性的改变。新的方法必须是可持续性的，简而言之，它必须成为一种习惯。

任何一个行为持续做两个月通常都会变成习惯。不过，在此之前，我们必须积极努力地去打造一个新的习惯。我们必须做出选择，不吃哪些食物，要保持运动，要喝一定量的水。决心和坚持只在开始的时候需要。最终，思考不再是必要的，而我们将养成健康、快乐、高效工作的习惯。

一旦习惯了最大限度地提高我们的效率，一旦习惯了通过挑战自我和适当休息来给自己充电，我们就更容易把精力用在任何需要的地方。有了充沛的精力，即使不喜欢的任务，也变得容易面对。

要点回顾

● 并不是说自律、习惯性行为、意向性思维和分析性思维都是无用功。并非如此,这些都是我们可以在生活中做到的最好的改变。但是,除非我们有足够的精力,否则我们将无法掌握或运用它们,也不能以任何方式从中受益。

● 精力为我们所有的思想和行为提供动力。没有精力,其他任何策略、技术或技巧都不重要。从本质上来讲,这是零的乘法规则的实际应用。如果等式中有一个零,意味着总结果将为零。也就是说,精力往往是链条中最薄弱的环节,也是最脆弱、最难以捉摸的。它是重中之重。

● 精力金字塔有助于我们思考精力的作用以及该如何管理精力。它包括四个相互依赖的层次:体能、情绪、思维和意志,本书后文的内容便以此为蓝图。精力金字塔要求我们必须充分地休息,以防精疲力竭的风险。同时,它还要求我们确保能够挑战自我,突破极限,以增加我们的精力总量。

● 每天以7分钟的高强度锻炼开始,是培养更多体能精力的方法之一。它能唤醒我们的身体,提高我们的精力水平,让我们的一天有一个良好的开端。

*精力管理公司（Energy Project）创始人兼CEO，该机构致力于帮助组织取得持续的上佳表现，点燃组织与领导者的激情。——编者注

* 全球著名心理学家，其革命性的精力管理训练系统赢得了来自世界各地的认可。

*《精力管理》中文简体字版已由中国青年出版社出版。

PHYSICAL-ENERGY VAMPIRES

体能精力吸血鬼

在一个很多东西都是抽象化和语言化的世界里，我们很容易忘记自己实际上并不是生活在"头脑之中"，而且归根结底，我们生活的质量与我们的身体健康程度是直接相关的。精力"吸血鬼"顾名思义就是：某种吸干我们身体中的生命力，让我们疲惫、虚弱的东西。就像前一章提到的精力金字塔一样，身体健康是迈向成功所需精力的底线。

我们每天都有一定的精力，但即使是最富有活力的人也不可能具备无限的精力。更糟心的是，如果不留意，日常生活中总有某些方面会消耗我们的精力，使我们无法将精力用在真正珍视的事情上。

精力吸血鬼就像水蛭或寄生虫，有时我们会和它们共存很久，甚至都意识不到它们正在那里，悄无声息地榨干我们的生命和热情。由于这些吸血鬼的存在，我们甚至可能意识不到自己处于一种被动、消极的状态中，但不论如何我们都被困在这种恶性循环里。现在，你可能已经意识到自己的生活中有很多这样的吸血鬼，并且可能正在积极努力地减少它们对自己的影响。但是，还是会有其他一些难以察觉的力量，像心灵中无形的暗漏一样消耗着我们。

试想有这样一位女士，很多年来做着一份自己讨厌的工作。她日复一日地强迫自己坐在办公桌前，接听电话，参加会议——心里一直瞧不上这份工作，却又无力做出改变，不得不做下去。与此同时，她还处于一段并不适合自己的感情中，伴侣不走心、不尽力，让她觉得所有的精力都耗在为没有鼓起勇气离开而找理由。

这听上去好像很可笑，但就是这样一位女性在月复一月的纠结之后，可能会在某天晚上，坐在沙发上，心头涌起一股强烈的、想要哭出来的冲动。她心想，自己是不是抑郁了，或者再糟一点，会认定生活就是如此不快、令人绝望。可是，其实一切只是因为她没有觉察到自己的精力被消耗得有多么彻底。要是几个星期没睡好，经常吃些垃圾食品，再得一场小感冒，这种感觉来得甚至更强烈。把这种危机归结为人际关系或职业问题徒劳无益——尽管很可能就是这些问题。从更宏阔的角度来看，在任何能管用的事情发生之前，这位女士需要把她的精力从零值拉回正值。

我们之前讨论过精力金字塔，并确定了精力的四种主要元素。在本章中，让我们只关注纯粹的体能层面，因为从多个方面看，体能元素都是根基。精力为零（即疲劳）会是最糟糕的感觉，而在别人看来你仍然相当正常。疲劳并不仅仅是因为前一晚没有休息好而感到困倦，也不是因为在健身房辛苦锻炼后产生酸痛或疲劳的感受。不同的人对疲劳的感觉略有不同。

有些人可能会觉得格外沉重，就好像穿着一件近三百斤的连体紧身衣四处走动。还有人可能会觉得一切都变慢了，或者自己仿佛置身迷雾之中，一切都变得模糊、褪色。深度疲劳很像严重的宿醉，或者环球飞行后的时差反应。它也像流感来袭时周身那种虚弱、疼痛的感受——整个身体系统变得虚弱、迟缓、不堪重负。

当感到精力不足以致精疲力竭时，你会觉得一切都比平时来得困难。基本上遇到任何事情都不再有耐心、敏锐度、热情或者宽容之心来处理。如果你已经疲惫了很长一段时间，可能会发现自己就好像在糖浆里爬行一样，如果不付出极大的努力，甚至连最基础的体力活都没法完成。许多人在这种状况下跌跌撞撞地熬过很长一段令人担忧的时期，在他们的身体或多或少已经放弃的情况下，靠着咖啡因和药物撑过这些日子。最终的结果会是，生活受到了干扰，而身体无法支撑自己完成想做或要做的事情。

体能精力吸血鬼的存在一目了然，用常识就可以识别出来。如果你又饿又困，中午还要打个盹，很显然，就需要好好地打理自己的饮食和睡眠安排。就大多数体能精力吸血鬼来说，麻烦不在于察觉不到，而在于改善和改变习惯。对我们大多数人来说，知道自己累了或者是筋疲力尽了易如反掌。

为了摆脱体能精力吸血鬼，我们需要确保自己已经养成了健康的习惯——这个理念简单，但付诸行动可能没那么容易。用力过猛，不听从身体的边限，那么身体就会客气地（或没那么客气地）提醒你休息一下。你我都过着忙碌的生活，我们许多人不停向前冲，就好像精力、资源和时间取之不竭。但是，如果身体的自然极限没有得到尊重，那迟早是要为此付出代价的。长时间忽视疲倦和劳累，最终可能会导致全方位的精力耗竭，也就是油箱完全空了，甚至连备用燃料也烧光了。到头来，要由身体负责。等它受够了，它会在某个时刻采取措施来进行自我保护。

重要的是，要在严重疲劳变成掏空倦怠之前识别出它早期的迹象。一开始是一种身体迹象，但随着时间的推移，它会渗透到生活的各个方面，让我们在情感上、认知上和社交上都感到筋疲力尽。无论你是一个功成名就的人，还是一个被外部环境推到了边缘境地的人，都要注意以下倦怠的迹象。

首先，要意识到倦怠不是一下子发生的，而是在不知不觉中，悄无声息地在自己身上蔓延。长期的压力以及缺乏自我关怀会让倦怠逐渐严重起来，直到你无法再正常工作。其实在这种情况发生之前，身体会发出很多警告信号。你可能会在大多数日子里的大多数时间里都觉得累，甚至心里可能都害怕去想，都这么疲劳了但还得干活。你可能会失眠或睡不安稳，难以集中注意力，或者觉得很健忘。

身体方面，你可能会感到头晕或头痛、气短，甚至出现胸痛、心悸和胃病。一般来说，身体不知何故会变虚弱，变得更容易生病和感染。胃口可能也会消失。有些人可能会一直沉闷不安，或者没完没了地担心焦虑。

身体上的症状似乎会在情感上转化为无望、内疚、一无是处或者悲伤。这种消沉情绪也可能表现为对别人生气、发火或者耍脾气。

虽然一开始你可能并没有真正注意到过度疲劳的存在，但是那些曾经让你快乐的事情无法再让你快乐。发现自己感到悲观、逃避？这可能是疲劳的早期预警信号。你可能会注意到内心的"自我对话"变得非常消极，并且具有评判性地吹毛求疵，也许会让你想要远离朋友和家人，没有精力费心去社交。

最终，你可能会开始感到与整个世界分离，就像一具与他人和生活脱节的僵尸。你可能想把自己从工作或家庭义务中解脱出来，避免与他人有任何的往来。你变得冷漠、易怒，脑中盘桓着一个念头："这有什么意义？"这些无一不是倦怠的迹象。

言至于此，简单说一句"休息"听起来对于解决疲劳问题仿佛合情合理。然而，许多人并没有意识到正是他们自己一手造成了自我关怀的缺失，并损害了自己每一天的体力和健康。真相依然是，最大的精力吸血鬼正是不安稳、低质量的睡眠，或者简言之，是任何形式的睡眠不足。

　　睡个好觉似乎是一个简单的解决办法。其实，当你意识到良好的睡眠卫生其实是一种需要培养的技能，还是一种需要持续不断地、有意识地关注才能保持的习惯时，你才会明白它并不简单。就像健身计划或健康饮食一样，它不会凭空自己冒出来！

睡眠、昼夜节律和次昼夜节律

　　我们要如何改善睡眠？

　　第一步是了解自己睡眠的生理机制，下一步就是学习如何利用这种机制，如此一来每天早上醒来时就会精神焕发，"油箱"也会满满当当。昼夜节律是身体对何时醒来、何时入睡的内在感觉。身体的某些部分会感知并响应周围的光线变化，并循环往复，进行周期性活动，伴随着以24小时为周期的身体和行为的变化。

　　如果干扰了这个周期，就是在颠倒身体自身的"生物钟"。现在的人普遍以一种常见的方式干扰自己的生物钟：在一天中的有些时刻，我们的祖先们可能会在黑暗或微光中度过，而我们却在那些时刻让刺眼的人造光笼罩着自己。

节律是由环境中的光线决定的。如果你习惯在睡觉前几个小时使用带LED显示屏的设备，那么逐步地停止使用这些东西，这会对提高睡眠质量产生奇效。如果必须使用这些设备，那么安装可以调低蓝光并放大黄光的应用程序，或者彻底调暗屏幕亮度。

就像昏暗的光线是在向身体发出就寝的信号，明亮的光线是在表明到点该起床了。早上醒来后，养成尽快让自己出现在明亮的阳光下的习惯，以便使身体系统启动。事实上，说到睡眠，其宗旨是作息规律和守常。注意起床和睡觉的时间，并保持固定的作息时间，此外，确保在睡眠时间里有适当的黑暗度，在醒着的时间有足够的明亮度。卧室里尽可能减少闪烁的灯光，买个遮光窗帘，尤其是在夏天。小憩的时间要短（至多20分钟），而且要在下午早些时候而不是晚些时候小憩。

最后，花些时间弄清楚自己的"作息类型"，也就是自己独有的清醒模式。是早睡早起型？还是夜猫子型，直到早上10点半左右才会打起精神？我们每个人的生理时钟都不同，这一点已经通过心理测试，并把人分为早起鸟型和夜猫子型。关键是要认识到并尊重自己的需求和限度。如果你一直是一个晚上早睡的人，那就顺其自然吧！早点起床，在早上完成大部分的工作和锻炼，让自己的精力随着一天时间的推移自然地循环下降。随着精力而调整，这样就能顺应自己的自然节律而为，而不是与之相悖。

心理和情感因素对睡眠质量也有很大影响。我们都知道，晚上睡不好会让人在白天感觉不舒服，反过来，醒着的时候，在生活里所经历的事情也会延续到睡眠里。事实上，许多人的睡眠障碍形成了恶性循环，并不断强化不良的睡眠习惯。

所以，要设法减轻生活中的压力。一天中要常常休息。即使短短歇息5分钟去静静地冥想或专心做深呼吸，也足以让皮质醇水平降低，帮助自己重新找到重心。改善睡眠质量有一个好用的方法，就是每天有一个可以依赖的睡前仪式。自己斟酌到底什么对自己有用，关键之处是，这是一种习惯，是一种向身体发出"该睡觉了"信号的指令。

把压力大、需要活力的事情安排在白天做，把安静、舒缓的活动放在晚上睡觉前进行。避免在晚上做过度刺激的事情（比如，锻炼、做压力大的工作、发生情绪化的争吵或看令人情绪低落的电视节目）。相反，要做一些让自己平心静气的事情。洗个热水澡，遐想一会儿，按摩一下，做做瑜伽，读点轻松的书，或者花时间做一个充满仪式感的小小美容，这些都会让自己处于放松的状态。

如果是有失眠问题或者睡眠卫生不良的人，那么睡眠习惯中很大一部分是指令自己用一种更放松的态度来对待睡眠。有意识地花时间让自己放松下来，清空思绪。告诉自己睡眠不好又不是世界末日；放松，慢慢来，好好休息。如果20分钟后还没睡着，那么就从床上起来，去别的地方做一件令自己平静下来的事。喝杯水，写写日记，或者在APP上听轻柔舒缓的内容都是不错的选择。

如果任由自己担心睡不好觉，失眠就会变本加厉。对待睡眠的态度要同对待其他更实际的因素一样。要主动提醒自己"即使没睡着也没关系。哪怕在这里闲逛一会儿，也是休息"。千万不要给自己压力，刻意让自己去"睡个好觉"。那样岂不是更无法放松？

如果无法入睡，不要赖在床上，否则可能会对床产生消极的联想。可以在脑海中形成一种固定的观念，即床就是专门睡觉的地方。你可能就会发现，花一点时间来打造自己的"睡眠安乐窝"，这对告诉潜意识钻进窝就能睡个好觉会起到很大的作用。选择轻松、简洁的床头装饰。优质的床上用品、遮光窗帘、透气的睡衣，以及睡眠眼罩和耳塞会有奇效。床垫要软硬适度，不会让自己觉得太热；房间安静昏暗，室温要略低于你平日里喜欢的温度；通风好，但又没有穿堂风。想办法应对伴侣的鼾声和（或）占了整张床的宠物。再准备一个喜欢的枕头，至此就万事俱备了！

最后，如果经常乘飞机，或者经常住酒店，想办法调适这种作息不规律。使用非处方的褪黑素药片可以帮助缓解时差反应，偶尔服用安眠药（当然是在极个别的情况下）或采用自然疗法有助于打破糟糕的睡眠循环。

总的来说，有很多办法来尊重自己的自然极限和需求，与自己的生理机制合作，而不是与之对抗。（个人之见，对抗从来都不怎么管用。）这不仅仅是保证自己能有更好的睡眠。昼夜节律关乎自己一天中精力的起起伏伏。有些时刻，你会变得更为活跃、更有活力，而有些时刻会变得更为温和。知道这些时刻什么时候出现，意味着你可以通过安排自己的生活方式来更好地适应自己的自然周期。

人不是穿着衣服的机器，不可能在全天任何时间都保持着整齐划一、稳定不变的精力水平。首先，要记住，做一个"早起型的人"并没有什么先天的优势。你不会因为强迫自己早起或在午饭前做完更多的事就能神奇地变得更有效率。正如我们所看到的，有关"早起型的人"的建议对某些时间类型有效，但并不是每个人这么做都会在实际生活中更有效率。

换句话说，"早睡早起"的古老智慧并非适合所有人。相反，你需要看看自己的身体在哪些时段会自然而然地更清醒，并确保自己的工作安排与这些时段重合。不管是在早上还是在半夜，都可以舒舒服服地完成工作，因为只要符合自己的作息类型和精力水平，它就有效。

那么，如何找到自己的"高峰时段"？第一步，对自己当前的各种习惯保持好奇，时间为一周。留意一天中工作效率最高的时段。同时，我们不仅要在精力水平上寻找规律，也要在热情及情绪方面寻找规律。然后，看看什么能让精力爆发出来，什么时候工作产出最高。

显而易见，下一步就是要确保能充分利用这样的精力高峰，"预订"高峰时段，并把其他不太重要或要求不太高的任务安排到高峰窗口期之外。从本质上说，这是在预算和管理自己的精力，跟管理自己的时间和钱财一样，就我所有尽其所用。

另一种方式是将昼夜节律放到我们的次昼夜节律中来看待，次昼夜节律是在我们生命24小时周期内律动的那些节奏。睡眠研究科学家尼尔·克莱特曼（Neil Kleitman）发现了快速眼动睡眠（Rapid eye movement, REM）的存在及其重要性，并发现身体通常以90分钟为一个周期运转，在高清醒程度和低清醒程度的周期中逐渐移动。

换句话说，我们的精力和清醒程度以90分钟为单位来划分。无论我们是醒着还是睡着了，这些90分钟的周期都适用。我们可以从以下几个方面来利用这一信息。

首先，我们现在知道，精力足、有成效的思考状态本质上是有时间限制的。这种状况不是无穷无尽的；事实上，每次持续的时间上限可能是90分钟。在90分钟的高强度工作期结束之际，我们会感到疲劳，并开始依赖压力荷尔蒙来获得精力。然后，因为承受超负荷的痛苦，前额皮质开始关闭，我们进入"战斗或逃跑"反应模式。尽管可以尝试通过摄入咖啡因和糖来抑制身体发出的信号，但最终，我们的注意力会受到影响。

美国陆军研究所（U.S. Army Research Institute）的其他研究证实了这一发现，并对90分钟的专注力和精力周期这一观点表示赞同。关键是要听从自己的身体。身体会确切地告诉我们它喜欢如何运作。

除了创造90分钟的周期外，次昼夜节律还以各种特定的方式在24小时内分配精力的高峰和低谷。在有些时候，我们可以让自己的思考发挥到极致；而在有些时候，我们注定会一无所获。当然，这些都是平均值，异常值确实存在。

当我们度过这样典型的一天，在醒来后，我们需要几个小时才能达到精力和警觉性的巅峰水平。对很多人来说，早上10点以后的时间代表思维敏捷和精神专注的黄金时段。此时大脑机能处于巅峰状态，正是要利用起来的时刻。但是请记住，这样的状态平均可能只有90分钟。

午饭后不久，我们的精力水平就开始下降。

根据克里斯托弗·巴恩斯（Christopher Barnes）在《哈佛商业评论》（*Harvard Business Review*）上发表的文章，我们身体的能量会在下午2点到3点之间自然下降。这可能是因为此时我们正好处于清醒周期的中间点。几千年来，人类一直在下午休息（想想西班牙人概念里的午休"siesta"），直到工业革命注重大规模生产后，我们才开始在朝九晚五的工作日中淘汰掉这个关键的休息时间。

在下午的低谷期过后，我们的精力水平又开始上升，通常在下午6点左右达到第二个高峰。随着夜幕降临，我们的精力逐渐减弱，慢慢地进入睡眠周期。

精力的次昼夜节律支配着我们的日常生活。你可以对抗它，但为什么要对抗呢？它为我们的精力制定了简单的指导方针，按这个方针行事，我们就会发现睿智的思考会成为常态而非例外。

找到精力最充沛与效率最高的时间

一天中最佳的工作时间是什么时候？答案对每个人来说都不一样。

只要有一点好奇心和自我观察，你就能清楚如何规划自己的日常生活，不论是工作、创意性的事项，还是锻炼。要问自己的第一个问题是：一天之中什么时候我的精力最充沛，注意力最集中？

寻找一天中感到最乐观、最热情、最有活力的时刻。这是一天中最有可能被激发着手去行动的时候。甚至可能会有双巅峰，或者在第一波能量之后有一次小的"精力重振"。精力不大可能在睡前或一顿大餐之后处于最为充沛状态。温馨提示：我们大多数人在饱餐一顿之后都不会有很高的产出效率。

第二个要问自己的问题是：一天之中什么时候我受到的干扰最少，分心的事情最少？

高效不仅仅是指管理我们精力自然的起起落落。我们都很幸运，每天都会有一个精力高峰，但可能恰好在这个高峰时刻正是我们最容易分心的时候。显而易见，在最有能力做有深度、有创造性的工作时，有事情打断并打乱我们的计划，这就很不妙。但是，该如何应对呢？

我们可以对生活中要面对的责任和挑战进行切实的评估，把这种评估和我们的自我认知（也就是了解自己的高峰时刻在什么时候）进行匹配。明白了如何匹配能够相得益彰，就可以让我们提前计划，在方便之处留出余地，进行调整。我们无法改变创意时段，通常也无法移除外部的责任或干扰，但我们肯定可以稍微调整一下。如果我们预计到工作时段会被打断，就用心试着将工作时段进行划分，或者在任意一头扩延一点。看看能做什么把分心的事情挪走，委派出去或者重新安排。然而，如果你的整个生活方式都是与自己的精力背道而驰，那可能需要考虑做出更大的改变，比如换工作，找儿童托管，或者居家工作以便更游刃有余地利用自己的节奏。

第三个问题是：我要做什么工作，什么时候做？

不同种类的工作需要不同数量和类型的精力。回到精力金字塔的概念，花一小会儿工夫对每天的任务进行分类：它们需要思维精力、情绪精力、体能精力甚至意志精力吗？接下来，问问自己可以把它们安排在哪里，以便与自己的自然高峰时段最恰如其分地契合。

把锻炼身体以及有挑战性的、需要解决问题的工作安排在早上，因为我们知道早上是自己最敏锐的时候。把行政类的工作留到后面，也就是自己感觉更松懈的时候。如果知道接下来的一天情绪会特别低落，你可能会选择减少身体和精神上的需求，这样就可以集中精力。

这是一个在正确的时间做正确的工作的问题。

一个实用的策略是确定当天的一两个主要目标。然后，把大部分的精力和注意力都倾注到该目标上，心里明白可以在之后去做其他的事情。这样你会发现，先把重大的事项从清单上划掉会让你产生成就感和自信，而且实际上你可以在这一天剩下的时间里更加彻底地放松。

最后要问的问题是：我如何有策略地应对干扰？

在现实生活中，干扰、诱惑和分心是不可避免的。不妨提前做好应对的准备。我们已经知道，头脑的表现和效率在90分钟后就会开始减弱，所以能不能找到办法，在不破坏注意力和动力的前提下给外来需求挤出一些时间呢？如果有什么事情会干扰，尽量把它安排到当天，请其他人去做或争取一些时间，直到完成手头上的事情再去处理。

有时候，分心仅仅是自律不足或规划不到位的表现。例如，你可能只需要做到在工作时不查看邮件或手机就够了，因为所有这些信息都绝对可以等一等！与他人事先沟通好你不想被打搅，而且要做到不在一天中最容易分心的时间工作，因为那样注定会徒劳无获。如果实在无法杜绝会被打断，那么选择接受它、享受它，明白自己可以借机养精蓄锐，稍后再回到手头的事情上，充好电蓄势待发。生活就是如此。没能用百分之百的时间完成既定的目标，天并不会塌。

四个问题汇总如下：

· 一天之中什么时候我的精力最充沛，注意力最集中？

· 一天之中什么时候我受到的干扰最少，分心的事情最少？

· 我要做什么工作，什么时候做？

· 我如何有策略地应对干扰?

如果高峰时段和最不容易分心的时段完美吻合,那是再好不过的。但是,这二者的吻合度可能并不会那么完美。下面是如何对此进行管理的方法。

生产力曲线、压力曲线和沟通曲线

可以以时间为 x 轴(我们的昼夜节律),想一想自己的精力、注意力和生产力起伏的曲线图,以及它们在90分钟上下的短周期(次昼夜节律)内的起伏。与此同时,还有其他事项也在同步进行中,也就是我们实际的工作安排,这些安排由工作场所、来电、会议、消息以及需要做出反应的高压时刻等所决定。

当你能够想象出所有这些曲线的交互作用时,最佳平衡点在哪里便一目了然。有点出人意料的是,耶克斯–多德森定律(Yerkes-Dodson Law)告诉我们,只有在适当的时间承受适量的压力,才能真正提高我们的生产力。对于困难的任务,表现会随着激励(压力)的增加而提升,但仅限于一定程度,超过限度则会削弱表

现。但是，这对于简单的任务来说却不同，表现并没有
遭到同样的削弱。因此，这不是全面减轻压力的问题，
而是让人更加有意识地、审慎地规划和管理适度的压
力，并为之做好准备。

最后一个因素是"沟通曲线"。《深度工作》（*Deep
Work*）一书作者卡尔·纽波特（Cal Newport）对耶
克斯-多德森定律做了变通，提出专注处理电子邮件和
信息也会提高效率和表现，但同样，也仅限于一定程
度，超过一定限度则会使工作表现下降。同样，这并不
是要完全摒弃即时通信或电子邮件的问题，而是为了找
到最佳平衡点。

让我们来总结一下。我们的精力曲线是先天的，而
我们的精力是有限的。压力和分心（例如，来自交流）
是有益的，但仅限于一定程度。在规划我们的生活时，
我们可以将所有这些参数考虑在内，然后就如何安排时
间做出合理而明智的决定。同时来考虑这些变量并不是
进行非黑即白的选择，而是为我们提供了可以操作的范
围。例如，你可能决定用90分钟的时间来深度钻研一
个具有挑战性的问题，但你也知道，这段时间刚好是

收到很多邮件的时候，也是很多要求施加在你身上的时候。知道了这些信息，你就会把深度工作提前一点。这时你会发现，仅做时间管理并不是事情的全貌——你还需要管理自己的精力、压力水平以及接踵而来的沟通。

实践"精力管理"并不是说每一天都能做得很好。但是，有了这些知识，不管有什么限制条件，你都能随时准备好以最佳的产出方式做出反应。

了解自己的生理时钟

在上一节中，我们探讨了身体的内在节律如何影响我们在24小时这个周期内的清醒状态和精力，以及我们该如何围绕这些节律采取行动。人类具有可观察、可预测的节律模式，但是人与人之间也存在个体差异。并不是每个人的节律构造都是一样的，所以只有等你对自己独特的生理时钟有了很好的把握时，"遵循你内在的节律"这个建议才会真正起作用。

生理时钟只是你个人独特的"昼夜节律个性"，描绘的是个人的内在时钟。丹尼尔·平克（Daniel Pink）

在《时机管理》(*The Scientific Secrets of Perfect*)一书中详细地描述了这个概念。也就是说，如果你了解自己的生理时钟，就可以调整你的生活规划，从而更好地支持和顺应自己先天精力的波峰和波谷而动。这种方法并不是给自己增添更多的精力，而是一种优化和利用已有精力的方法。

那么，你的生理时钟是哪种？

第一种是熊型生物钟。这类人群紧随太阳活动周期顺其自然，通常会在早上7点或8点左右自然醒来。他们的生产力在早上和下午早些时候达到顶峰。在这段时间里，他们可以专注于深度工作，做计划，布战略，解决问题，出创意。这个高峰期可以从上午10点持续到下午2点。

在这段时间之后（通常是午饭后！），熊型生物钟的人的精力和注意力会下降，到下午4点左右会下降得更厉害。如果你是一个喜欢午睡的人，那么你可能属于熊型。从下午4点左右开始，熊型生物钟的人在休息、吃饭、放松、社交方面表现最好，而不是在工作方面。这个时间之后，他们往往会感到困倦，最迟在晚上11

第三种是狮子型生物钟。狮子型与熊型有很多相似之处，也是在早上午餐前感觉最富活力、最具效率。狮子型的人可以轻松做到早起，在午餐前会完成数量惊人的工作。不过熊型的人精力稳定均匀、全天续航，而狮子型的人精力高峰来得快去得也快。

狮子型的人可能会在下午因精力不足而萎靡不振，在早上精力充沛地完成一大堆工作之后他们经常会感到筋疲力尽。他们比大多数人醒得早，六七点起床对他们来说是舒适的，紧接着他们最好的工作状态就开始了，最佳的时间是在早上8点到中午12点。狮子型的人的最佳状态是一觉醒来，赶在一天的工作结束之前把事情做完——要是顺利的话，早在午饭之前就都完成了。如果你是狮子型的人，这有点像早上第一件事就是把一天的主要猎物落袋为安，然后在一天的其余时间放松下来。

从中午到下午4点，专注于不太重要的事务。如果需要打个盹，那就打个盹。确保在下午4点到晚上9点的时间里都在放松，因为狮子们在下午没有适度地放松的话，精神就会紧绷起来。最好的就寝时间是晚上10

点左右。狮子型的人如果不遵守这个就寝时间，第二天早上6点依然会早醒，但他们就没有精力维持当天的高峰期了。狮子型的人要是晚上睡不好，第二天就会昏昏沉沉，效率低下，整个下午都会感到筋疲力尽。

有大约15%的人是狮子型，他们可以被归类为成就出众、有进取心的类型。有没有读过历史上那些著名的领导者和成功者的故事？他们早上5点起床，早饭前就完成了一天的工作。他们可能就是狮子型的人！这也不难理解，这些人会是富有魅力、鼓舞人心、精力充沛的领导者——只要你在合适的时间遇到他们。

最后一种是*海豚型生物钟*。如果读了前面三种类型的描述，但觉得没有一种符合自己（或者，三种都符合），那么你的生物钟类型可能是海豚型。在野外，海豚睡觉时一半的大脑是活跃的。海豚型的人有点类似：他们高度聪明并伴有警觉，但有失眠的倾向，有点注意力不集中或头脑混乱。海豚型的人不容易醒来，但一旦醒来，他们在上午10点左右最有效率。而且，他们会发现晚上很难再让大脑停止工作。

海豚型的人在焦虑和睡眠紊乱方面问题最大，但另一方面，他们比其他时间类型的人更灵活、更有创造力。海豚型的人很可能有零星的、不均衡的睡眠时间表，所以应该注意避免倦怠和精疲力竭。海豚型的人在午夜到早上6点之间睡得最好。这比其他类型的人需要的睡眠要少得多。把最费力的事务安排在上午10点到中午去处理，留出充足的时间来舒缓疲惫的神经，进行休息。据说只有大约10%的人是海豚型。这些是聪明的、"肥佬教授"*类型的人，他们需要与焦虑作斗争，但他们有创造力，可以在短时间内冲刺完成很多事情。

那么，你属于哪种类型呢？网上有很多小测验和对照表，你可以据此确定出与自己最为接近的类型。其实，通过仔细观察自己的优缺点，很容易就能识别出自己的类型。思考自己的节律时，试着问问自己自然地倾向于做什么。如果因为照顾新生儿或临时抱佛脚准备考试而熬夜，这些都不是自己的自然节律。同理，早上起床困难也可能是由于抑郁、季节变化或身体状况不佳而造成的。反其道而行之，试着找出自己长期、自然、持久的睡眠倾向。

一天中精力起伏稳定，早上和下午早些时候达到顶峰，这意味着你很可能是熊型的人。在一天的早些时候拥有同样但更明显的精力转换，可能意味着你是狮子型的人。如果在晚上工作表现最好，那就说明你是狼型的人（注意，熬夜并不等于这段时间是工作效率最高的时候。狼在晚上不仅仅是醒着，而是保持警觉、精神饱满）。最后，如果你有焦虑，而且睡眠不足，需要定期充电，那么你很可能是海豚型。

一旦确定了自己的倾向，下一步就很清楚了：把困难的任务安排到自然高峰，把比较轻松、不太重要的工作只放在其他时间做。每个人都该保持规律的睡眠和起床时间，但你的规律可能与别人的截然不同。说到精力和生产力时，我们很多人错误地认为自己是懒人，或者是不够努力、缺乏动力。了解自己的生理时钟会让你醍醐灌顶。因为你会意识到每个人都有自己的最佳节律，了解了自己的节律，就会发现自己的确有精力、动力和内驱力——只是一个**什么时候**的问题。

我们可能想搞明白睡眠节奏是如何与用餐时间相互作用的。时机对生活中的每件事都很重要，不仅仅是起床和睡觉，还有吃饭、锻炼、工作，等等。然而，说到食物和精力的关系，最重要的因素是血糖水平，它是另一种需要维持最佳状态的生理流动和节律。在深入探讨血糖的重要性之前，我们先解决另一个与睡眠有关的问题：小憩。

睡觉和小憩的区别

睡眠是我们身体不容置辩的需求之一，仅次于食物与水。如果得不到足够的睡眠，精神和身体表现会迅速下降。我们已经知道，大多数人都应该获得传说中的8小时睡眠，但正如我们所见，不同的人有略微不同的睡眠需求。无论是什么生理时钟的人，身体每天都需要通过休息来恢复活力。

有些人发现小憩是充电和放松的好办法，而有些人则发现小憩会干扰当晚的睡眠，只会让他们觉得昏沉。然而，小憩并不都是一个模子里套出来的。所以，有必要去了解不同的小憩类型，这样我们就可以根据自己的生理时钟有策略地安排小憩。

小憩的类型

恢复性小憩   是为了弥补前一晚的睡眠不足。

开胃性小憩   只是因为你喜欢打盹! 你可能会发现它们会让自己放松,可以改善情绪和精力水平。

预防性小憩   是提前为预计的一段睡眠剥夺期做准备,例如深夜加班或倒夜班。

必要性小憩   是生病需要好好休息时,让免疫系统有时间来抵抗感染。不管你愿不愿意,身体都会不断地强迫你睡觉。

充足性小憩   适合比大人需要更多睡眠的儿童。充足性小憩可以是自发发生的,也可以是为婴儿和学步儿童全天计划好的。

记住睡眠的自然阶段,5分钟的小憩太短,无法带人进入更深层次的恢复阶段。30分钟太长,虽然身体会进入深度睡眠阶段,但接下来就会出现另一个问题——这不再是小憩,而是酣睡。从这种状态中醒来会让人昏昏沉沉、精神不振,还会影响当晚的睡眠。所谓的小憩介于两者之间,在10到20分钟。

　　睡眠是每天必不可少的，但是小憩是必需的吗？恢复性小憩、预防性小憩和必要性小憩都有用，可以发挥各自的作用。其他几种小憩是好是坏，取决于小憩的时间长短、小憩的时机、你的年龄以及睡醒后即刻要做什么。

　　"内稳态睡眠驱动"本质上是指犯困。不吃东西的时间越长，饥饿感就越强烈；不睡觉的时间越长，睡眠驱动力就越强烈。小憩可以降低这种睡眠驱动力。这是一件好事，因为没那么困意味着你可以表现得更好，注意力更集中，学得更好，甚至可以更有效地自我调节情绪。然而，如果降低内稳态睡眠驱动力，导致当晚不够困无法入睡，就是坏事一桩了。这样可能会形成失眠的恶性循环。

　　如我们所见，小憩的好处和坏处实际上是一回事。减轻睡眠压力可以在短期内对抗疲乏，但干扰自然睡眠模式则会加剧疲乏。如果你经常需要小憩，实际上你可能是在尝试弥补更广泛的睡眠问题或者小憩本身就是问题所在！

　　晚上难以入睡的人应该避免小憩（例如，海豚型生物钟的人）。要想知道打盹对你个人是否不合适，最好的方法就是注意它对你睡眠周期的影响。如果小憩让你晚上睡得晚，第二天早上醒得晚，那么第二天可能会觉得很累，需要再打个盹。这样的循环就会周而复始。一般来说，最好是坚持偶尔进行恢复性小憩或必要性小憩来克服疲劳，这样就会继续积累睡眠压力，在晚上进入深度睡眠。

然而，如果你是那种觉得小憩很有用、很提神的人，那么在不影响睡眠的情况下，有一些方法可以优化你的小憩。

· 只睡10到20分钟。

· 在早上醒来和晚上睡觉的这段时间的中间小憩一会儿，但是这个时间因个体的生理时钟不同而有异。要避免在就寝前几个小时小憩。

· 在凉爽、安静、昏暗、舒适、私密的地方小憩一会儿。

· 使用放松技巧来清空思绪，把烦恼丢到一边，这样你就可以休息而不是陷入沉思。

· 注意小憩后的感觉，以及它对自己更广泛的影响，
　并做出相应的调整。

小憩是一种可以让自己精神焕发，提高机敏度，感
觉更放松的好方式。但是，如果你怀疑小憩的欲望可能
掩盖了更大的睡眠问题，或者小憩的习惯本身就干扰了
自己的昼夜节律，那么你就要避免小憩。

要记住的一点，即人不一定非要通过睡觉来休息，
恢复精力。也可以通过冥想、呼吸练习或放松技巧来让
大脑休息，重新定位自己，理清思绪。以上所有办法都
不会损及晚上的睡眠质量。

现在，让我们回到血糖的问题，以及如何控制血
糖，来让我们在一天中保持最佳的能量水平。

会吃才能控好糖

靠吃东西来提高精力重点是关注血糖水平。可以把
血液中随时可用的葡萄糖想象成"精力"的生理性类似
物。它是你所需的真正燃料，为身体中的一切提供动
力，包括大脑中的所思所想。然而，摄入过多和过少都

会产生隐患：葡萄糖摄入过少的后果众所周知，但摄入过多，身体会过度补偿，并在我们的精力水平上产生"崩溃"效应。保持血糖水平恒定、适度，身体机能就会正常运转。

考虑血糖水平，最简单的方法是从血糖指数（Glycemic Index, GI）入手。血糖指数是一个测量指标，可以衡量身体将不同食物（主要是碳水化合物）分解成葡萄糖的速度。换句话说，它可以衡量食物对血糖水平的影响程度和影响速度。血糖指数越高，它以葡萄糖的形式吸收进入血液中的速度就越快。

吃过平常的一餐之后，血糖水平会飙升，然后释放胰岛素来调节血糖水平。身体有办法让血糖保持在一个相对稳定的范围内，即血糖低时，从肌肉、肝脏或脂肪组织中释放储存的能量；血糖高时，释放胰岛素，将多余的能量带走。当身体检测到大量的血糖时，就会相应地释放大量的胰岛素，这就是造成前面提到的能量水平崩溃效应的原因。

因此，吃东西来补充葡萄糖并遵守血糖指数的目标是尽量保持血糖水平恒定。要避免能量高峰或崩溃，而是要保持全天候持续、适度的能量。通过了解时间和食物选择就可以做到这一点。

食物的GI值越低，它对胰岛素反应的极端影响就越小，它向血液中释放糖分的速度就越缓慢、越稳定。结果就会是稳定的精力水平和适当的食欲。高GI的食物会导致身体释放大量的胰岛素，然后更快地清除血糖，随之会让人"崩溃"，也就是让人筋疲力尽，再次感到饥饿。基本上，低GI食物会让血糖、精力水平、食欲和情绪更稳定，而高GI食物会让我们感到极端的血糖和能量波动，还会激起我们的食欲，迫使我们在本不需要吃东西的时候吃得更多。

摄入精制碳水化合物和单糖会让血糖像过山车一样忽高忽低。虽然血糖指数不是食物中唯一需要关注的特征，但就能量而言，它是一个需要考虑的重要因素。血糖指数与食物的热量值或营养密度无关，所以在制订最佳能量饮食计划时，切记不要将血糖指数作为众多因素中的唯一一个来考虑。

血糖负荷（Glycemic Load, GL）是另一个衡量指标，从根本上衡量随时摄入的碳水化合物的含量及其对血糖的影响。GL值的大小会产生不同的影响。血糖负荷越高,血糖峰值越高。理想情况下,GI值和GL值都要尽量低。幸运的是,在考虑其他因素时,那些GI值和GL值含量最低的食物也最健康,比如富含维生素、矿物质、纤维和抗氧化剂等。

碳水化合物本身并没有什么不好或不健康的地方,但是更精制的碳水化合物(即能立即转化为葡萄糖的碳水化合物)更有可能导致血糖不稳定,从而导致能量的急剧上升或下降。毕竟,水果和蔬菜也是碳水化合物,但如果一种食物同时含有大量的纤维和水分,那么它的升糖负荷可能会低到足以抵消其大部分热量来自单糖的事实。所以,尽管香蕉和土豆是高GI食物,但它们是天然的植物性食物,仍然含有丰富的营养,足以抵消任何负面的GI影响。

通过规划饮食来优化能量水平时,你要选择摄入少量的优质脂肪、大量的蛋白质和主要来自植物源性食物的碳水化合物。要避开营养不足的精制碳水化合物,如蛋糕、白面包、糖果、苏打水、白米饭和意大利面。如果确定要吃,那么分量要小一些,并和其他低GI食物搭配起来食用。这样整顿饭的GI指数仍然较低。当然，如果必须吃高GI食物，那么与含脂肪和蛋白质的食物搭配食用将有助于减缓葡萄糖的吸收。

先看看自己目前的饮食情况，找出可以替代的食物。可以先从细小的方面入手。早上用全麦面包代替白面包，用麦麸片代替含糖谷物，用糙米和其他全谷物代替白色谷物。当然，还有每一种蔬菜和水果，尤其是纤维和水分含量最高的蔬菜和水果。没有必要严格地计算碳水化合物的克数，也没有必要过于严苛地挑选食物。相反，要养成习惯，为身体挑选"燃烧时间最长"的燃料，让新陈代谢之火缓慢而稳定地燃烧，而不是在极端疲劳和高度亢奋之间快速地循环。

一天的生活可以从燕麦片和水果开始，再加一些全麦吐司和花生酱，或者一个蔬菜煎蛋卷。另外，麦麸片或含有蛋白粉的奶昔也是个好主意。午餐时，可以试试全麦面包三明治，夹上奶酪、熏鲑鱼、鸡肉或者是像鹰嘴豆泥一样的素食。搭配上沙拉一起吃，或者搭配富含纤维的汤，或者糙米饭配蔬菜、豆腐或煮鸡蛋。晚餐时，同样的食物可以多吃一些，或者试一试碳水化合物、脂肪和蛋白质三者均衡的任何食物。蛋白质来源有肉类或豆类；碳水化合物来源有土豆、糙米、玉米或其他全谷物；脂肪来源有奶酪、鳄梨、坚果或橄榄油。不要吃高GI"炸弹"，比如冰激凌或蛋糕等甜点，试试烩水果、花草茶或可可含量为75%的黑巧克力。

　　总的来说，要记住血糖指数并不是食物的终极目标；一些更健康的选择实际上比"不健康"食品的GI值更高，所以在选择上再小心也不为过。还要记住，重要的是总体的GL量，即使偶尔摄入超精制的碳水化合物，只要它们与最健康的饮食搭配并且只吃少量的话，也并无大碍。在现实世界中，有许多重叠的因素决定了食物对血糖的影响，血糖指数只是一个方向。但是，只要坚持避免食用明显缺乏营养的精制碳水化合物，并平衡其余的膳食，应该就能受益。通过本书，你可以很容易地学习研究"低GI食物"并制定自己的膳食和替代品清单。

　　最后要记住的一点是用餐时间。如果每餐食量适度而且一天的用餐时间平均分布，那么就能保持稳定、均匀的血糖水平。尽管有一些证据表明断食对健康有益，但事实上，长时间处于低血糖状态，或迫使身体进入生酮状态（本质上是在燃烧体内储存的脂肪来获取能量），都可能会影响情绪和精力水平，即使这样的状态确实有助于快速减重。可以想见，等最终断食一结束，胰岛素也会迅速分泌出来，类似的能量峰值和崩溃又会频繁出现。相反，要选择有规律的用餐时间，避免让自己挨饿，因为挨饿只会让下一餐中抵制不健康食物的意志力减弱。

虽然应该注意摄入的碳水化合物的种类，但对所有的碳水化合物避之不及则毫无意义。要是妖魔化并完全摈除碳水化合物，那你可能会发现自己会无缘无故地感到饥饿、烦躁。此外，碳水化合物对大脑的基本功能和支持新陈代谢的各个方面都是不可或缺的。碳水化合物是点燃新陈代谢之火的引火柴，蛋白质是帮助维护、修复肌肉的结构成分，脂肪是能量的必需成分，同时它们也是内分泌系统及身体其他一些重要机制正常运转的必需部分。

我们不需要戒掉喝果汁，也不需要不再吃甜甜圈，但目标至少是在80%的时间里健康饮食，这样就会消除血糖过山车上的颠簸。蔬菜、全谷物、坚果、肉类、奶制品和蛋类会让我们保持精力稳定，为我们过好生活提供助力。

弥补不足

最后，还有一种方法可以帮助我们在一天中保持稳定充沛的高精力：营养补充剂。

健康饮食是第一步，也是必不可少的一步。但除此之外，还可以有其他办法来增强身体素质。如我们所知，精力失衡可能来自睡眠问题或对昼夜节律的忽视；可能来自心理问题（即压力和创伤）；也可能来自身体或精神上的过度劳累（即强迫自己超越自然极限，直到身体出现倦怠迫使自己停下来）。但也正如我们所知，疲惫还与营养有关，而不仅仅是宏观层面上的问题。不易察觉的维生素缺乏和营养不足问题，甚至是荷尔蒙失调，都可能偷偷地破坏我们的精力水平，即使我们尽最大努力睡个好觉、缓解压力还是无济于事。

这恰是营养补充剂的用武之地。我们可能已经尝试了上面提到的一些改变方法（即改善睡眠，吃低GI食物），但仍然发现注意力不集中，习惯不够好，而且感到缺乏韧性以及对生活的热情。单纯的不累与充满精力和热情地生活并不一样。如果已经试着重燃心中那团火焰，但仍然感觉自己只是在缓慢前行，那么可能就需要加一点额外的东西。

营养补充剂有两个作用：其一是纠正，用来解决某些特定营养素缺乏的问题（例如，维生素D胶囊可以纠正维生素D不足并改善疲劳）；其二是充当添加剂，也就是说我们服用但是我们并不缺乏任何营养素，而是因为我们想提高自己的表现、精力或复原力。后者被称为益智药（也称聪明药或促智药），可以决定我们是继续前进还是裹足不前，它能够切实地让我们的梦想成真。

如果持续地感觉到疲劳，可以找医生验血来确定是不是缺乏某种营养素。也可以选择DIY家庭自测包。导致疲劳通常缺乏的营养素包括镁、维生素B-12（不仅仅是只有素食者才会缺乏）、碘、褪黑素、维生素D（尤其是生活在高纬度，冬季漫长日照少地区的人们）、辅酶素Q10和铁（在女性中更常见）。

如果疲劳持续存在，只要确保身体摄取所需的微量元素，它能够获得的能量之多，可能会令人大吃一惊。不要对此置若罔闻，即使我们这些健康饮食的人也会缺乏维生素和矿物质，所以不要排除这种可能性。至于益智药，市面上有很多旨在改善表现和健康的补充剂，有些有科学依据，有些只有传奇故事。红参、松花粉、红景天和其他"适应源"如南非醉茄、姜黄、图尔西茶（圣罗勒）和甘草都被誉为有效的压力缓解剂、能量增进剂和常见的健康滋补品。这些补品都有一系列的轶事传闻和科学依据来佐证，但是每个人的身体状况不同，所以最好先对自己的身体做一番"尽职调查"。

说一说水

对人类来说，水的重要性毋庸置疑。脱水会显著地降低精力水平，并影响精神表现和大脑的整体健康。我们大脑的70%是水，所以当处于脱水状态时，大脑受到的影响最大。

2011年，坎普顿在英国的一项研究发现，流汗90分钟而不补充水分会使大脑萎缩，而且萎缩程度相当于衰老一年或得阿尔茨海默病近三个月。人们只能寄希望于这只是暂时性的萎缩。拉夫堡大学在2012年的一项研究表明，由于注意力下降、反应变慢以及驾驶技能受损，脱水驾驶可能与醉酒驾驶不相上下。而且里布尔也在2013年指出，脱水驾驶和酒驾一样几乎没有犯错的余地。哪怕脱水只有1%就会严重损害分析思维、短期记忆、对长期记忆的回忆、问题解决能力和一般认知能力。

因此，一天当中要多喝水，获得更多的能量，让身体和大脑都处于润滑状态。不要靠口渴的感觉让自己明白需要多喝水。要预先补水，因为口渴的反应只有在脱水后才会被激活，而那样就为时已晚了。要主动地多喝水，同时要考虑天气、环境条件或其他需要多饮水的因素。老话说的"一天八杯水"可能并不准确，甚至没有必要，但我们可能需要比现在多喝些水。

多喝水，要喝得比你自己认为应该喝的多。这样，你就处在给身体添油续力的正轨上了。

要点回顾

● 讨论精力，我们必须从身体方面入手。身体是我们的引擎，必须适当地补充燃料身体才能运转良好，没有燃料它就不能运转。我们必须消除所有消耗体能精力的吸血鬼，用更好的习惯和认知取而代之。我们可以快速地看看精力耗尽时会发生什么；当我们倦怠时（最大的精力吸血鬼之一）会发生什么。它是反映在身体上的一种压力和焦虑的状态，这时我们的身体开始崩溃。

● 另一个突出的精力吸血鬼是缺乏高效和安稳的睡眠。我们的睡眠卫生可能很糟糕，而我们自己却从来不知道。我们应该在睡前避免接触蓝光，降低压力水平，保持规律的睡眠时间。此外，还应该设法确定自己的睡眠时间类型，并了解它与我们的昼夜节律之间的关系。昼夜节律直接影响着我们清醒时遵守的次昼夜节律，我们也会考虑到它在能量上的自然峰值和间歇。舒适的睡眠使力量倍增，是能让我们在其他不相关的领域取得巨大成就的定量。

● 有4种基本的生理时钟类型：熊型、狮子型、狼型和海豚型。通过了解自己的生物钟类型，就可以围绕着效率最高的时段来进行一天的安排。为了找到最高效的工作时间，还需要考虑到不断变化的压力水平和外部交流需求。

● 小憩是有用的，但只有以正确的方式小憩才管用。小憩的时间不要超过20分钟。如果小憩会影响当晚的睡眠质量，就不要打盹。

● 接下来，转向我们身体的"燃料"——我们的饮食。有很多关于健康饮食的文献，但是关于能量饮食的呢？这涉及一些鲜为人知的东西：血糖指数（GI）和血糖负荷（GL）。我们要确保血糖水平恒定、适度，因为如果血糖水平过高或过低，就会造成可预见的能量崩溃。因此，我们必须控制 GI（食物引起血糖升高的速度和大小）和GL（碳水化合物的量），以及一天中的用餐时间安排。

● 除了摄入葡萄糖外，我们还必须确保摄入足够的基本维生素和矿物质。我们不应该缺乏任何东西。我们还可以通过特定的益智药或化合物来增强自己的精力，这些物质可以改善我们的生理状态。

● 水很重要。多喝水，给大脑补水，保持精力充沛。

* Nutty professor，出自同名电影。主人公体型较大，类似于海豚；他研制出一种瘦身药剂，可以在短时期减轻体重。——编者注

EMOTIONAL AND MENTAL ENERGY VAMPIRES

情绪精力吸血鬼和思维精力吸血鬼

上一章探讨了宝贵的生命精力在生理上衰减或耗竭的各种可能性。当然，我们可能也遇到过体能满格，精力却依然耗尽的情况。明明你样样都做到位了，却仍然感觉生命力从身体里流逝，这是什么缘故呢？

还记得精力金字塔吧？各种精力之间都是环环相扣的。在某种程度上，情绪精力吸血鬼和思维精力吸血鬼比体能精力吸血鬼更可怕，因为它们更难及时被发现并予以精准打击。这两种吸血鬼转瞬即逝，而且也没有什么明确的输入输出公式给出解决之道。功夫下得多并不等于精力能够成比例地提高得多。通常，有一个必须解决的根本原因，否则其他所有努力都是竹篮打水。

睡不好，就会累，这两者之间的关系显而易见。但如果感到精疲力竭是因为跟爱人吵了一上午架，或者是为了钱而忧心忡忡，又或者仅仅是因为对生活有种模模糊糊的焦虑感，那么个中关系可能就没有那么明显了。有时候，我们对这些情绪精力吸血鬼和思维精力吸血鬼不得不任其自然。比如，在经历了一场痛彻心扉的分手或离婚后，只能等着求生意志自己回来。

其实，许多**持续性疲劳**的问题并不是身体上的，而是情绪和心理上的（尽管它们往往彼此纠缠，形成一个"先有鸡还是先有蛋"的循环）。就像细菌或病毒会让我们的身体变虚弱一样，情绪上的"病毒"也会妨碍我们，让我们感到沮丧、疲惫和悲观。思维比身体霸道，它不许我们忘了它的存在。

想一想心身性疾病现象，人们因为在心理上说服自己从而让身体感觉不舒服；再想一想有些人因为无法承受令人震惊的消息而一夜之间患上紧张性精神症。念头和情绪通过沉重的四肢、迟缓的行动，以及生命力被摧毁的感受而显现出来。你有没有注意过，在有压力的时候，自己是多么容易得感冒和流感？有没有注意过，焦虑对自己的胃有什么影响？有没有注意过，和有些人在一起的时候，会感到轻松舒服，而和另外一些人在一起的时候，总会感到疲惫不堪，仿佛跟他们交流真的会吸走自己的精力一样？

此外，许多情绪精力吸血鬼都是我们意识不到的。它们表现为躯体症状，恰恰是因为我们的意识还没有找到一种方式来承认它们的存在。如果我们甚至不知道它们已经成了问题，就会继续大吃营养补充剂，大嚼西兰花，每晚努力大睡8个小时。但是，如果让我们感到疲惫的是对工作的深深恐惧，是面对令人不快的事实时的沉重压力，那么大吃大睡不起丝毫作用。

如何看待自己和自己在这个世界上所处的位置，以及自己内心深处对此的潜在的假定——这一切都在表面之下悄然酝酿着。如果我们每时每刻都无意识地相信"我是个失败者，我会一事无成"，这和带着轻微的慢性病的生活又有何不同呢？

自我挫败型思维

我们看待世界以及我们在其中所处位置的方式，决定了我们的情绪精力。可惜我们对世界的看法99%都是错的。没办法。我们见到的往往并非真实的存在，而这完全正常。

因为我们从过往带来了各种偏见和观念。其中有些是好的，但大多数都是消极的，这也是我们需要讨论这个问题的原因。它们是一个攫取终极精力的吸血鬼，因为它们暴露了我们的不安全感，剥夺了我们的信心和力量。我们花费太多的时间去担忧和焦虑，我们会精疲力竭，无力顾及其他。只要我们的大脑处于哪怕是轻微痛苦的状态中，我们就会释放精力出来进行自我保护。

　　想要阻止情绪精力吸血鬼，必须改变我们看待世界的方式。信息和事情以中性的姿态来到我们面前，只有经过我们的解读，它们才会被赋予积极或消极的含义。我们选择如何看待事件决定了我们的现实，而且它具有完全摧毁我们的信心和意志的力量。

　　我们很可能正在频繁地承受认知扭曲的痛苦，对现实持有一种消极的、悲观的并且通常是不正确的看法。它会伤害我们的自尊，打击我们的自信，让我们觉得好像无法控制自己的生活。认知扭曲也是一种形式的自我对话，它具有破坏性，可以变得根深蒂固，让人习以为常，以致人们意识不到自己造成了另一个注定悲伤苦恼、缺乏自信的现实。

　　大多数人在现实生活中遇到的麻烦已经够多了，再把对世界的看法扭曲得更加险恶艰难，只会消磨我们的信心和意志，而这本不必要。

　　让我们看看克雷格的故事。克雷格从洗手间回来的时候，走过主管麦克斯的办公室，里面正在开一个闭门会。经过玻璃门时，他注意到几乎所有的同事都在里面，而且很多同事还朝他的方向瞥了一眼。

他立刻紧张起来。他们在谈论自己吗？自己做错什么事了吗？自己要被解雇了吗？上周，他注意到希拉和凯蒂在茶水间里笑着看着自己。自己负责的客户流失到另一家公司了。自己可能会被解雇了，而要再找一份工作的可能性也不大，因为肯定拿不到一封好的推荐信。要是没了工作，下个月就没办法还车贷了，而那辆皮卡可能就要被收走了。

在一天中接下来的时间里，克雷格的心不断地下沉。他担心自己以后的工作前景，担心在找新工作的同时没有固定的工资收入，该如何维持生活。他和朋友们打了几个小时的电话，诉说自己的焦灼、忧虑与烦闷，而这除了让自己疲惫不堪、心力交瘁之外，一点用处也没有。

第二天是克雷格的生日，他心情非常沮丧。拖着疲惫的身躯去上班，心里做了最坏的打算。在生日当天被解雇，他觉得也算应景（不过就是第四个最糟糕的生日罢了），也做好了承受打击的准备。

　　他刚在办公桌前坐下，就听到一声大叫："Surprise（惊喜）！生日快乐，克雷格！"所有的同事都带着小礼物，围在他的办公桌后面。希拉冲过来，脱口道："我们为了给你惊喜已经计划好几个星期了！昨天你走过麦克斯办公室的时候，我们还以为被你发现了呢！不过，看样子确实给了你一个惊喜呀！"克雷格满心感激，大松一口气。不过，他的精力已经受到了损伤，而他的自伤自怨不过是白白受伤。

　　克雷格遭受的就是严重的认知扭曲症。

　　他对同事们做一件事、开一个会的感受，都蒙上了自己负面、内耗视角的色彩。尽管同事们其实是在准备一个生日惊喜，克雷格却妄下结论，做了最坏的设想。这种认知扭曲降低了克雷格的自尊，使他陷入恐慌状态。在这种状态下，他把精力和时间都浪费在担忧一个不太可能发生的未来情景上了。

　　想象一下任由这类扭曲的场景摆布，以及它们对我们的精力所产生的影响。反击消极思维的第一步，是留意我们在什么时候产生了这些想法。然后，必须有意识地把它们消除，或者找出其他角度来解读我们的担忧。

经过一次又一次地驳斥或消除这种消极思维，这些破坏性思维将随着时间的推移而减少，并自动地被更理性、更平衡的思维所取代。只有时刻保持警醒，才能用积极思考的好习惯取代认知扭曲的坏习惯。

许多人可能注意到了工作中的这种自我对话，却没能意识到它是让我们脱离现实的东西。因此，我将介绍一些最常见的认知扭曲，然后举例说明它们是如何损害我们的情绪稳定从而影响我们的精力的。

非此即彼的思维（All-or-Nothing Thinking）

"天哪，这个月我连一本书都没看，我的目标可是看完三本书啊！我太不擅长坚持目标了。要是连三本书都看不完，那还不如一本都不看呢！"

"有一次我居然张着嘴嚼东西。我怎么能张着嘴呢？太恶心了。没人愿意和我这样的人在一起的。塔莎明天就要跟我分手了，我就知道。"

非此即彼的思维也可以称为"隧道视野"。在对全局进行判断时，只关注一个结果或因素而认为其他任何结果都是失败的，就会造成这种类型的认知扭曲。它只有黑或白，是或否，失败或成功，而没有一个平衡的观念。

就像电影《塔拉迪加之夜》中虚构的赛车手瑞奇·鲍比说的："不是第一，便是最后。"显然，现实并非如此。但是，正是这种认知扭曲造成的鲜明对比让我们觉得沮丧，因为失败才是常事。没有达到目标并不是我们想象的那样天即刻就塌了，那些看似严重且不可逆转的后果也很少真的会发展到那种地步。

非此即彼的思维方式还会通过一系列对行为或期望的硬性规定来体现。其他人违反规定，会让我们感到愤怒；反过来，如果我们自己违反了规定，我们会感到内疚。列表上"应该"或"必须"的项目如"我必须每天去健身房"或"我必须提前15分钟到单位"，听起来动力十足，但如果生活中有事打乱了计划，就几乎没有妥协或调整的余地了。

这些倾向性会导致一堆注定无法达到的期望。如果状况持续如此，我们会不可抑制地觉得自己一无是处、一事无成。

为了克服这种非此即彼的认知扭曲，我们必须挑战自己，保持中道。

自责式思想（Personalizing）

"为什么我们的女儿玛莎就保不住一份工作呢？她总是在不停地跳槽。我觉得她最后这份工作是被开除的。肯定是身为家长的我做错了什么。如果当初我们送她去劳雷尔伍德高中而不是公立学校读书，情况就不会是这样了！都是我的错。我当时应该辞掉工作，陪在她身边。"

"帕特丽夏把肉炖过头了，我觉得很内疚。要是杰里米和我没有来晚30分钟就好了。要是当时我叫杰里米快点就不会发生这种事了！这件事责任完全在我。所有的东西都应该我来煮的。"

自责是内疚之源。这是一种把所有问题都归咎于自己的认知扭曲，我们认为要对那些并非我们的错误所造成的过失负责。为自己的行为负责固然令人钦佩，但有些事情是完全不受我们控制的，比如地铁的发车时间、别人的行为，以及不计其数的日常因素。

陷入自责的时候，我们可能会认为别人的一切言行都是针对我们个人的直接反应，哪怕这样的想法并不符合逻辑。如果我们认为自己对周围的所有问题都负有责任，那我们就很难对自己产生好的感觉。要想建立自信，我们必须要把注意力放在自己身上，而不是别人的反应上。

自责的对立面是**外化**，这是另一个需要注意的重要的认知扭曲。当落入这个陷阱时，人们拒绝为任何事情而责备自己，相反，他们会怪罪外在的所有的人和事。仿佛整个世界都在针对他们，而且只针对他们。他们指责别人妨碍了他们，给他们带来了痛苦或悲伤，甚至认为别人是生活烦恼的罪魁祸首。他们的所有指责没有一分是指向自己在这些麻烦、痛苦或悲伤中的责任。

这两种思维方式都不健康，都迫使我们消耗大量的情绪精力，为日常琐事而困扰苦恼。为了避免这两种认知扭曲，要问问自己，我们在事情中究竟起了什么作用，有哪些情况不完全是我们的责任。

过度概化（Overgeneralization）

> "我上次把约会搞砸了，永远也找不到女朋友了。注定孤独终老。"

> "他从来不会准时。之前的两次见面他都迟到了。真是无药可救。我以后再也不会和他见面了。"

在过度概化的陷阱中，我们根据一个小小的负面经验，推断出以后所有类似的经历都是负面的。过度概化并不代表现实，因为我们是在极少量的经验、信息和事实依据之上做出推断。妄下结论，构建一个现实中并不存在的世界，这就是一种臆想（一种悄然消耗精力的典型方式）。

过度概化的常见信号是"总是"和"从来不"。当我们用"总是"或"从来不"开始一句话或一个想法时，想一想，我们是否有经验或事实依据来佐证这个论断。我们有能力忽略当下的感受，或者忽略让我们产生这种感受的事情吗？情绪的本质是蒙蔽和遮盖判断力，所以我们也许只是臣服于自己的情绪，而不是在寻求一个客观的看法。

为了克服过度概化的陷阱，我们需要花些时间来论证，是否有事实依据证明以后发生的事情可能会有所不同。考虑一下我们掌握的信息是多么有限。在我们的生活中，同类事情全部是以完全相同的方式结束的，还是有一些例外？我们所有的朋友都有完全相同的经历吗，还是他们中有些人的经历有所不同？

灾难化思维（Catastrophizing）

"蕾西又很晚才到家。我就知道她出轨了！我们这夫妻是做不长久了，肯定要离婚了。我要马上给律师打电话。"

"为什么我还没收到加州大学的录取通知书呢?他们一定是把我拒绝了。我不敢相信!没有大学会录取我了吧!我该怎么办啊?恐怕我要去学做水管工了。"

陷入**灾难化思维**的时候,我们会立刻跳到最坏的情况并丧失希望,因为状况看起来似乎已经迫在眉睫了。灾难化思维会让我们感受到压力和焦虑。仿佛最小的行为也会招致严重的后果。如果我们每天面对的都是自己杞人忧天的看法,又怎么可能保持情绪稳定和精力充沛呢?

和处理其他的认知扭曲一样,有必要对我们的想法进行一定程度的内省和思考。慢下来,问一问,事情是否真的如我们想象的那么糟糕。我们的假设切合实际吗?想一想还有没有其他的解读,再想想过去遇到类似情况的经验。

问问自己,过去遇到类似情况的时候,我做了什么?结果怎么样?一个不相干的旁观者会如何看待这种情况?我在纠结什么,为什么我在纠结?

妄下结论（Jumping to Conclusions）

"今天早上我冲戴维笑，他怎么没有冲我笑呢？他一定觉得我昨天下午发给他的项目提案太蠢了！"

"就算是去健身房也没什么意义。我永远也达不到和坎迪斯一起跑10公里的目标。"

当我们基于个人观点和感觉对人或环境做出非理性假设时，就会妄下结论。它始于不自信或不安全的感觉，这些感觉影响着我们对事情和表达的认知。当某些东西触动我们最深的恐惧时，我们就会把它当作一种确证，认为我们内心深处所害怕的一切都会成真。就像其他的认知扭曲一样，它会让我们掉进消极的无底洞，直到最终得出最坏的结论。

妄下结论的认知扭曲有两类：**读心术和先知错误**。陷入读心术时，我们会自以为自己知道别人在想什么。人们不可能确切地知道别人的想法，但在这种认知扭曲下，我们会根据自己对他人的臆想去做决定。当然了，我们会认为别人总是把我们往坏处想。

先知错误就是在没有事实依据的情况下预测未来发生的事情是负面的。陷入先知错误的时候，我们只是预测了未来的负面结果而没有真凭实据。先知错误会扼杀一切乐观。

情绪化推理（Emotional Reasoning）

"这个月又付不起所有的账单了。我感到既绝望又沮丧。我没有出路了。"

"唉，要命！我为什么要提那部电影呢？都已经是10年前的老片子了，大家肯定都会觉得我太落伍了！在这些聚会上我就是个无聊的家伙。"

情绪化推理的认知扭曲，意味着我们正在把情绪作为依据。当下的感受即是当下的处境。以这样的方式去生活太难了。

陷入这种认知扭曲时，事情的客观依据会被抛到一旁，取而代之的是我们所感受到的"真实"。人类倾向于相信自己的感觉会自动成真。如果我们觉得自己既愚蠢又无聊，那我们一定真的又蠢又无聊。通常表达为："我感觉到了，因此它一定是真的。"

情绪化推理是认知扭曲中最危险的一种，因为它与现实相去甚远，并且瞬息万变。现实真的每时每刻都在变化吗？当然不是！善变的只是我们的情绪而已。

觉察并允许自己感知自己的情绪，对保持情绪健康和精力非常重要。然而，这并不意味着我们应该把情绪视为现实的真实表达而念念不忘。事实上，我们的情绪往往与现实的状况没有什么关系。记住，现实是中性的，但情绪会让我们认为现实要么是积极的要么是消极的。

为了摆脱情绪化推理的陷阱，控制这种"自动反应"，我们要问问自己，我们的情绪状态是否妨碍了我们看清事实。问问自己，客观的旁观者会怎么解读，将它与我们的情绪化反应进行比较，并尝试调和其中的差异。就像我们不会在饿的时候去五金杂货店买东西一样，我们也不应该在情绪化的时候评估任何事情。在做决定或采取具体行动之前，一定要花些时间，让自己恢复到平静的状态。

带着情绪去看待一个情境或进行情绪化推理，就像在观看一场完全中性的戏时，先伴随着恐怖的音乐，再响起欢快的音乐，接着下一分钟转成小丑入场的音乐。我们不知道我们面前真正在上演什么，因为音乐在以某种方式影响着我们的情绪。

破坏性比较（Damaging Comparisons）

这虽然不是一种真正的认知扭曲，但是在生活中处处与他人比较，同样具有创造消极性现实的倾向，也会让我们把精力浪费在某些无法改变的事情上。

不管我们有什么样的优点和品质，在拿自己和别人比较时，都会痛苦。我们容易将自己与周围的人或某种想象中的理想形象做比较，这两种比较都不是什么好事。

比较是一种后天养成的习惯。它会摧毁我们的自信，因为它试图把我们所有的价值和意义都放在一个微小的方面。必须要明白，我们是不同特质和才能的集合体。我们有自己的形象，自己的赚钱能力，自己的运动能力，自己的打字速度，等等，这些都是很重要的。

遗憾的是，当我们以他人为尺来衡量自己时，我们会忽略或抛开所有我们擅长的东西，而只盯着那一件我们不擅长的事情或者那一件我们认为别人擅长的事情。在社会环境中进行比较会出现的问题是，我们经常怀揣一种理想化去想"完美"的人将如何适应社会环境。

这个人就像如假包换的超人。遗憾的是，我们还会把这个想法当作绝对真实，当我们达不到标准时，就会感到沮丧而自卑；当我们拿自己与理想形象做比较时，就看不到自己的优势、价值和意义。

我们在做比较的时候，看到的只是外在的东西，也就是人们让他人看到的东西。然而我们看到的并不是全貌，也不一定是人们的真实面貌，而只是他们最好的一面，他们愿意向外界展示的那个自己。我们选择了自己最黑暗、最糟糕的一面去跟这样的别人比较，你最终只会贬低自己。

别人展示给外界的样子并不是一个人的全部。大多数人都掩饰得很好。我们可能认识一对看起来相敬如宾、恩爱有加的夫妇。他们看上去非常幸福，仿佛心意相通，令人羡慕。但是，我们当真知道他们私下里过得怎样吗？

希望你能明白，这些扭曲的认知不仅仅是虚假的，而且还会对我们的思维精力和情绪精力造成巨大的浪费。我们在大脑中为内心世界苦恼的时间越长，投入到外部世界中的精力就会越少。

挑战信念

遗憾的是，认知扭曲反映了我们的核心信念，它是我们个人心理网络的一部分。它们在我们幼年时点滴灌输，随着我们的经历逐步强化。我们许多人已经习惯性地把情绪精力耗费在迎合这些扭曲的认知上。这就是认知扭曲很难被确定的原因，它们就是我们看待世界的方式，不需要费心努力就能做到。不过，在引起事件、造成情绪困扰的时候，我们仍然能感受到它们对我们的影响。难以计量的精力被挥霍于此。

从分析的角度来挑战和改变认知扭曲，就是所谓的

认知行为疗法（cognitive behavioral therapy, CBT）。认知行为疗法的主要策略是教给人们如何积极应对自己的负面信念，并将其重塑为危害较低的信念。

打破低自信循环有两种主要的干预方法。第一种是认知重构，这种方法用来识别消极的认知模式和我们对自己做出的失真假设并对它们进行改变。

认知重构是一种治疗方法，它告诉我们为什么会陷入负反馈循环，以及如何改变我们的思想和行为模式才能摆脱这种恶性循环。通过认识负面思维模式，了解它持续存在的原因，我们就可以做出不同以往的反应，把自己导向积极的方向。

如何建立对产生反效果的思想、情绪和行为的觉知呢？总的来说，第一步，要识别潜意识中的想法，也就是那些在生活中不断对我们的经历做出评判的想法。这些想法持续不断地影响着我们的情绪，我们往往认为它们是对现实和我们自身的准确反映，因而不假思索地接受它们。

当我们不再接受潜意识书写的叙事时，就有了思考其他观点的能力。循环一下子就会被打破，或者至少发生改变。这种改变带来了一种更理智、更稳定的思考方式，让我们可以随时思考造成我们痛苦的原因，以免陷入前面提到的那些恶性循环里。

只要简单地思索其他可能性便可以平衡我们的情绪和思想，减少我们陷入负反馈循环时产生的悲伤和绝望，进而让我们有能力并参与提升幸福感的行为和活动，把我们从黑暗的心态中拉出来，让我们变得更强大、更优秀。

很少有人觉察到自己的思维模式，即使人们每天都在使用它们进行思考。认知行为治疗可以帮助我们纠正思维中的错误，从而矫正行为，改变生活。你可能以为进行认知行为治疗需要一个心理咨询师或者至少需要一位非常有耐心的朋友，但实际上记录思想日记和工作表就能够发挥作用。

思想日记这个概念是为了识别核心信念而产生的，因为核心信念引导我们的行动和情绪。思想日记可以揭示我们的行为、思想和感受之间的关系。总的来说，这是一个认知行为治疗的过程，类似于心理咨询师帮助某个人找到心理问题的根源。

　　思想日记的标准内容是写出触发事件或想法，它们所透露出的有关我们自己的信息，以及由此产生的情绪。在所有这些信息中筛选提炼出我们的核心信念，这样我们就可以向它们发起挑战了。请记住，我们的目标是试着提取并分析我们的自发思维，然后以更健康的思维取代它们。

　　为了便于记忆，思想日记的步骤可以按照ABC的格式排列，虽然从操作过程来看，它实际上是ACB的顺序：

　　激发事件（Activating Event）。这就是我们情绪变化的起点。它可以是一个真实的外部事件，也可以是一个内心事件，比如一个想法、一段记忆或一个精神意象。它可以是任何令我们的情绪状态从平静变成焦躁的东西：

⊙　听到一首老歌，让我们想起曾经亲密的人

⊙　在街上偶遇一位老友

⊙　被主管批评

⊙　想起曾被高中同学霸凌

结果（Consequences）。在这一步中，我们要识别所产生的特定情绪和感觉。从悲伤、高兴、疯狂和害怕等最基本的情绪开始，然后扩展到其他的情绪。可以选择使用简单的描述感觉的词汇，如"焦虑""不悦""恶心""恐慌""忧郁""困惑"等等。为了更具体地了解所涉及的情绪，可能需要对我们感受这些情绪的强烈程度进行评估。也许我们有65%的恐慌和35%的困惑。我们的恶心感可能是10，焦虑感可能是5。画出或圈出最相关的情绪。

信念（Beliefs）。这是行为开始的地方。我们是如何把激发事件和结果联系起来的？我们讲了哪些无意识叙事或故事来满足这个结果？达到现在的消极状态我们在逻辑上做了哪些跳跃或得出了哪些结论？要弄清这些信念的真相，需要以层层递进的问题追根究底，直到最终找到我们处境的根源，即我们的核心信念：

⊙ "我当时在想什么？"

⊙ "事情发生的时候，我脑子里闪现的是什么？"

⊙ "这有什么不对吗？"

⊙ "这一切意味着什么？"

⊙ "它揭示了我的什么？"

诚然，这是一项艰巨的工作。为了找到想要的答案，我们可能会在某些时刻经历痛苦挣扎。但是，我们为剥开层层自我信息所付出的努力，终究会得到回报。我们的调查最终把我们带到核心信念面前的时候，就是我们开始挑战它们的时候。

让我们以一个看似温和的激发事件为例，按照ABC的顺序进行分析。案例可能看起来有点简略，不过你会发现它们就像是现实生活的镜像。

史蒂夫正与他的新朋友艾米丽在酒吧的桌边说话。他们聊得很开心，直到史蒂夫的熟人杰克走过来，拉过一把椅子加入聊天，浑然不觉自己打断了史蒂夫和艾米丽的谈话。史蒂夫很生气，样子很吓人。

对于史蒂夫而言，激发事件是杰克打断了他的谈话。这很简单。

结果是什么？这个事件激发了什么情绪？首先，史蒂夫感到心慌，这是其一。这可能是主导情绪。如果满分是10分，他给它打8分。他也觉得愤怒和挫败，但不如心慌那么强烈，大概是4分。他感觉自己的头都有点大了。史蒂夫把它定性为困惑，但不确定是什么原因导致的，所以给了3分。

现在，史蒂夫必须弄清楚为什么这件事会让他抓狂。从被打断的行为到相应的情绪状态，这两者之间有什么联系？他不喜欢杰克吗？不，完全不是，他对这一点很确定。杰克是个不错的人，除了偶尔有点过于激动。

所以，史蒂夫问自己，当时自己的脑子里在想什么？他和艾米丽聊得很愉快，彼此都热切地谈论着共同的兴趣。然后谈话被打断了。他感到一阵慌张。

为什么呢？因为他对谈话被打断感到失望，也对杰克没有意识到自己打断了别人的谈话而失望。

这意味着什么呢？他觉得杰克不在乎他的自我和个性，认为把自己的意志强加给他没什么大不了的。

这是为什么呢？因为史蒂夫认为自己不够坚定。

为什么呢？因为史蒂夫认为自己过于克制，永远不能将自己的主张说出来。

这又意味着什么呢？史蒂夫觉得自己不值得被尊

重，而杰克的插话只是又一次提醒他，他不值得被尊重。

这就是史蒂夫的核心信念：他几乎没有任何自尊，认为是自己让人们利用了他隐藏的本性"打倒自己"，在社交场合里取代他，而无视他真正想要的是什么。正因如此，他不认为自己是值得被尊重的人。仅仅从一个被打断时的反应就分析得出这样的结论并不容易，但这样做可以帮助我们理解和改变自己的核心信念。

挑战信念的确需要我们在短期内付出更多的情绪精力和思维精力，但它最终会减少大脑在消耗循环中自我运行的路径。

远离"有毒"的人

对自己抱有消极的想法、信念和感觉并不是我们需要密切注意的唯一的情绪精力吸血鬼。还有更多真正的"吸血鬼"，也就是那些消耗我们的精力、乐观和幸福，从而破坏我们的情感和心理健康的人。这里并不是说有纯粹的"坏"人，只要他们在周围就需要为我们所有的负面情绪负责。毕竟，我们每个人都有过情绪低落、不讲道理、难以相处的时候。

更确切地说，学会发现、规避或管理他人的负面情绪，更是出于自我健康以及保持精力的需要。这有点像我们要跟咳嗽、打喷嚏的人保持距离一样，我们要确保自己不会成为别人情绪低落或情绪爆发时发泄的靶子。

只要曾经在个人发展上花过哪怕一点点时间或精力，都有可能在某些时刻遇到这样的问题：该如何对待那些不认同我们成长和发展积极性的人呢？当我们与精神疾病抗争，渴望成为一个更好的自己的时候，或者只是想要从生活中获取更多的欢乐、创造力和意义的时候，如果遇到那些看起来非常消极、喜欢评判、通常很令人讨厌的人，我们可能会不知所措。

人是社会性生物，即使对我们这些自认为很独立的人来说，别人的情绪、态度和话语也会对我们的情绪和自视的方式产生深远的影响。我们可能非常努力地在培养健康的自尊意识并且取得了巨大进步，却被一个粗鲁、挑剔的人用一句话摧毁："哦，你就穿这个？"个人发展大多关注在如何利用自己的思想、感情和信念上面。但是，学会与他人的负面情绪作斗争，也同样重要。

首先，学会识别那些试图贬低别人或在每一次互动或谈话中都让人"泄劲"的个性特征。找出那些总是在抱怨或发牢骚的人，他们从来没有对自己或他人说过一句积极的话，而且他们似乎总是某些人或环境的受害者。这些人消极，遇事总爱往最坏的方面想，总做最坏的解读，包括长期受欺辱或对身边的事情感到失望。

尽管他们能很快挑出每件事中的错误，却从来没有想过反问自己是否有错，因为他们觉得自己根本就不会出错。当然，我们都遇到过不好相处的人，但真正的"精力吸血鬼"会对遇到的每个人都抱有消极的态度，而不仅仅是针对我们。他们以不苟言笑、难以取悦，喜欢评头论足或小题大做著称。他们娴熟地表达愤怒和不满，但我们却从未见过他们表达过喜爱或感激。事实上，即使有好事发生在他们身上，他们也会发现其中的问题，并纠结于此，直至周围所有的人都知道他们有多么不开心。

简单地说，和这样的人在一起，我们就觉得累。我们会觉得他们一直在操纵我们，评判我们，把我们当成坏人，或者把每一个快乐的想法或心血来潮都变成最坏的情况，让人疲惫不堪。他们可能总在质疑，巧妙地侮辱我们或削弱我们，或者让周围的人普遍感到沮丧。

跟这种人交往的问题在于，随着时间的推移，消极的态度会逐渐开始传染。每当我们乐观的时候，他们的坏情绪"毒气"似乎就会占据上风，我们会发现自己反而陷入抱怨之中。也许我们觉得某件事还不错……直到告诉了这个人。我们可能会逐渐接受他们的思维方式，真的相信一切都是可怕的，而我们对此无能为力。这种人不会想方设法提出解决办法或可能的选择，而是一直盯着问题本身并诉诸无用的抱怨或对别人的指责。

要小心这样的人，因为他们的消极情绪会变成自证预言。他们对消极事物的过度关注，会导致他们在生活中除了不断地在身边制造更多的悲观情绪之外一无所成。我们自己也可能会被卷进去，成为这种消极态度的一部分。

在有些人身上很容易看到这些特质。你认识这样的人吗？他们总会让周围的人相信，他们的生活更加艰辛，他们永远都是受害者，一切都是别人的错。这种人特别擅长歪曲事实，让周围的人都听信了他们一成不变的消极叙事。要警惕那些似乎总陷入某种危机的人，他们是想把我们拉进争端，或者让我们成为他悲剧中的一分子。

一个人如果不承认自己的错误，不欣赏自己所拥有的东西，不寻求解决问题的方法，就永远得不到成长。而当我们想在情感上、精神上、经济上得到成长时，有消极心态的人只会与我们作对。不要让我们辛辛苦苦花时间和精力建立起来的情绪力量和情绪精力储备被别人榨干。

那么该如何应对这样的人呢，特别是当他们以同事或家人的身份潜伏在我们身边时？首先要做的，是明确我们的边界。与这些恶毒的掠食者相反，我们要让自己保持积极、乐观的心态：没有人可以强迫我们做任何事，我们也无须让自己处于他人的负面情绪影响之下。

明确自己的界限。我们可以包容别人的某些消极情绪，否则就无法帮到那些真正需要帮助的人。但要花时间弄清楚我们的容忍度有多大，然后建立一个不容侵犯的边界。拉开距离。礼貌地转变话题。选择结束那些只

会让我们失去乐观情绪的对话。当别人的消极情绪干扰
到我们内心的平静时，要有清醒的认知，然后冷静而果
断地改变局面或者远离。刻意离开他人的苦情戏可能会
让自己感到尴尬为难，但是我们值得跟支持鼓励我们的
人在一起。

当然，说起来容易做起来难。如果消极情绪来自我
们在工作中不常遇到的同事或是生命中的匆匆过客，那
么摆脱消极情绪易如反掌。但如果这个消极的人是我们
的另一半、孩子或多年的好友呢？当我们关心的人遭受
痛苦和困扰时，我们是很难和他们划清边界的。那么，
我们该怎么做呢？

首先我们要认识到，尽管我们都不希望发生这样的
情况，但每个人都要对自己的情感健康负责，没有人能
够一厢情愿地使别人快乐。有一点你必须清楚，即同情
和关心可以有很大帮助，但如果对方没有准备好接受帮
助或同情，急于为他人解决问题只会使我们自己受伤。
在展现出同情的同时保持自己的边界，可能不太容易，
但也不无可能。

大方地表达我们的关心，不会耗费我们的精力，也

不会花费我们任何东西。给需要的人一个拥抱，一句赞美，或者分享一段美好的记忆。我们能为消极的人做的最好的一件事，就是树立一个乐观的榜样。让我们的光芒闪耀起来，简单地露出一个微笑，哪怕他们对自己不满或对我们不满。也许他们当时没有表示，但我们的热情和态度很有可能会改变或者激励他们。试着表现出无条件的尊重，哪怕他们很难相处。表扬或称赞他们的基本品质，换句话说，无论如何都要肯定他们的个人价值。让他们感到受欢迎和被欣赏。向他们表明，即使我们有自己的界限，但我们爱他们，关心他们，希望他们快乐。

我们可以提出建议或意见，但如果他们不接受，也别往心里去。只要倾听就可以了。尽量不要卷入他们消极情绪的细节中，而要成为一股积极的力量，支持他们而不是支持他们的消极情绪。最后，要准备好在必要时加强我们的边界。对所爱的人表达同情和理解，会给生活增添巨大的意义。但是，这绝不值得牺牲我们自己来之不易的心灵平静，在任何情况下，我们都不能通过变得和消极的人一样消极来帮助他们。

密切关注自己的情绪状态。要警惕把别人的问题当成自己的问题，或者认为自己要对别人的问题负责。要有同情心，不要有负罪感。给予支持和倾听，但不要误以为我们的帮助是直接干涉他人的生活。尊重每个人自己的人生旅程，正如我们关心自己的人生一样。有些人就是会选择不开心的道路。不要评判，不要试图拯救他们。陪伴并表达同情即可。然后，继续我们自己的生活。我们唯一真正能控制的，只有我们自己的态度。

当我们能更好地保持自己的心态，不去理会他人的消极情绪时，我们就会自然而然地被志同道合的人所吸引。培养积极的精力，我们会发现自己更容易和拥有相似态度的人相互吸引。去寻找那些让我们充满活力，让我们感到更受鼓舞和更加快乐的人吧！有人会理解我们，支持我们，鼓励我们。找到他们，跟他们建立牢固的关系。他们不仅不会耗尽我们的精力，还会给我们带来幸福和成功。

无论是在家里，在工作中，还是在身处的团体里，志同道合、相互支持的人可以互相吸取对方的正向能量，共同创造美好的事物。鼓励他人，赞美他人，支持他人，我们就会吸引到同类。感恩自己和他人，勇于承担，积极主动。就像体能精力一样，情绪精力也可以自我补充，我们在生活中培养的情绪精力越多，它自己就越多，也越容易创造更多。因此，在和破坏我们情绪精力的人打交道时要保持谨慎，同时，要和带给我们精力的人培养和发展关系。

有时候，我们必须迈出艰难的一步，和那些"有毒"并且拒绝我们帮助的人彻底划清界限。抱着善意和同情之心去做，不要有负罪感。等他们做好准备时，他们就会改变，虽然未必是现在。我们最终能改变的只有自己。所以，要专注于此。

疲惫的思维

现在来看看思维精力吸血鬼。这类吸血鬼有时会与情绪精力吸血鬼混淆或掺杂在一起，虽然说到底属于哪一类吸血鬼并不那么重要。思维精力关系到大脑负荷以及如何从压力中恢复，而情绪精力关系到我们如何看待自己和这个世界。当我们身体健康，情绪稳定，却完全无法形成连贯性思维或分析性思维时，就表示我们缺乏思维精力了。

而且出人意料的是，我们很容易就遭遇到脑力枯竭。

前额叶皮层是我们的高级思维所在的区域，它就像小腿肌肉一样，一旦疲劳就会停止正常工作。大脑能够有意义地分析、制定的想法和决策的数量是有限的，需要考虑的决定越多，就会越疲惫。这种现象通常称为**自我损耗**（ego depletion）。

自我损耗理论提出我们的脑力资源是有限的。所以，脑力资源枯竭或减少时，我们的思维活动就会变差。这一现象最早是在对自我控制的实验中发现的。鲍迈斯特（Baumeister）等人提出在拼图任务中，那些需要抵制巧克力诱惑的受试者表现更差并且放弃得更早。换句话说，自我损耗正在全面起作用，因为受试者在抵制巧克力诱惑时表现出的自我控制，直接削弱了他们坚持完成拼图任务的能力。

随着自我损耗的开始，自律和决策的质量迅速下降。你也许看过近来的一些内容对自我损耗理念提出的质疑。的确如此，我们将在本节的最后讨论这个问题。

一旦经过最初的惊讶，了解到即使小到做个决定这样的事情都会消耗脑力资源时，我们就会发现这一切太有意义了。大脑需要精力来行动和思考。事实上，脑力消耗占据我们日常精力消耗的比例高达20%，尽管大脑的重量只占我们身体重量的2%。每一个有意识的想法、决定和任务，都需要一定的激发精力。

关于要不要过度沉迷于巧克力所涉及的思考过程可能会相当漫长而痛苦。正如实验所表明的那样，它会削弱我们在未来的自我控制能力。抵制巧克力的诱惑一次两次很容易做到，但当一整天不断重复遇到诱惑时，我们的自我控制能力就会被削弱。说"不"几乎成为不可能，因为我们的大脑已经没有精力说"不"了。

观察大脑在进食和饥饿状态下进行自我控制的结果又进一步支持了自我损耗理论。

实验表明，自我控制会消耗作为大脑主要精力来源的葡萄糖，而摄取营养和葡萄糖可以逆转自我消耗，激发人们的自律和自控意识。自我控制会消耗大量的大脑精力储备，单纯的自我控制练习会令我们的整体工作效率明显降低。

思维精力很容易被耗尽。所以我们面临的问题是，如何保护我们的脑力宝库以备需要之用。怎样才能尽可能地让自己精力充沛呢？

首先，把我们的精力看作是一块电量已经变低的电池。在知道过会儿要用智能手机看三个小时视频的前提下，该怎样善用我们的电池呢？决策、激励和自我控制都要从前额叶皮层这一个池子里吸取精力，因此这些活动都需要我们加以留心。

我们应该试着从动机、决定或自律的角度去了解生活中那些微不足道的东西，然后消除或避免这些因素。

如何判断一件事是不是微不足道呢？真正微不足道的事情，即使忽略它也无所谓，或者说做出选择后产生的不良影响持续不过几分钟。迈出这一步对我们大多数人来说是很困难的，因为我们接受到的训练是做事情的时候要全身心地投入，以免表现不佳。可以换个角度来理解，为了保护我们的前额叶皮层，我们只需要了解哪些事情是可以忽略不计的。为今后的任务所节省的每一格电量都可能在关键时刻扭转乾坤。

微不足道的决定只应该分配微不足道的思维带宽，

所以试着按比例分配，这样就可以尽可能多地保留思维精力，以备不时之需。如果一件事对我们的生活不会产生影响，那就尽快抛诸脑后。

这样做的整体目标是每天少做有意识的选择。我们甚至不用去应对需要做决定的情况，而是选择把决定自动化。换句话说，就是选择一个，并一以贯之。从某种意义上说，你在为自己制定规则，排除可选项。比如，吃固定套餐、穿搭好的套装、播放一个歌单、用一种处理事情的方法做事。

坊间流传这也是苹果创始人史蒂夫·乔布斯有一套标准着装的原因。他总是一双运动鞋搭配黑色高领毛衣和一条舒适的牛仔裤。这样一来，他就可以不用去做着装的决定，而是把脑力留到真正需要的时候。每一天，它就可以真正地转化成精力，让乔布斯用来获得最高程度的自律和动力。

我们的精神资源无时无刻不在充电，但它们也很容易被耗尽。进入战斗模式吧，就像对待我们的肌肉一样对待我们的大脑，去获取我们所需的最大精力。

前面提到过，近年来自我损耗作为一种科学理论受到了质疑。一些基于鲍迈斯特理论的后续研究发现了不确定性结果，而另一些研究则认为，只有当受试者在受试之前已经知道这个理论时才会发生自我损耗。它给人们提供了一个简单的借口，让他们因为自己"被损耗"而放弃。

自我损耗理论可能尚未确证，但我们仍然可以提出一个可信的观点，那就是一天有意识地思考十个任务比一天思考两个任务更耗费脑力。需要想的东西越多，我们的精力就越难以凝聚。减轻前额叶皮层负荷的观点始终没变，只需把措辞从"自我损耗"微调为"总体精力损耗"。

基于以上对大脑及其快速损耗倾向的了解，可以说，大脑就像我们身体的其他部位一样需要呵护。如果大脑缺乏营养和适当的睡眠，它就会停止正常工作，精力耗尽。

在满足了这些基本要求之后，**压力**就成了对大脑健康影响最大、最隐匿而凶险的因素之一。

想了解具体切实的例子，只需看看那些患有创伤后应激障碍（PTSD）的老兵或创伤受害者，看看他们的生活是如何遭受负面影响的。这些老兵和创伤受害者丧失了正常生活的能力。原因是他们的精神一直处于紧张状态，在任何特定的时刻随时都有可能情绪爆发，释放自己的焦虑和恐惧。因为他们所有的精力都用在了紧急警报系统上，而这种持续的消耗让他们无法做出超越当下的思考。

大量研究表明，压力对大脑健康和思维能力有极大的负面影响。这在很大程度上归因于身体对压力的生理反应。但首先需要界定的是慢性压力和急性压力这两种主要类型的压力之间的区别。

慢性压力是指在相对较长的时间段内持续承受的小压力，比如持续而沉重的工作负担，或者一段经常争吵的关系。这些小压力源看似微不足道，直到我们注意到它们的累积效应，才意识到自己一直都处于急躁、易怒、紧张、肩膀紧绷的状态。当经历慢性压力时（压力的强度变化范围很大，与个体的耐受度有关），我们的身体处于一种生理唤醒的状态，称为"战斗或逃跑反应"，这是身体感知到压力时的主要防御机制。

这种反应放在几千年前是很管用的。在那个时候，

"战斗"和"逃跑"就只是字面的意思，如果人们的身体感受到压力或某种原因的恐惧，就会让自己处于最高警觉状态，做好在必要时进行殊死搏斗的准备或者尽快逃跑。在这两种情况下，身体的激素水平、心率和血压都升到很高。作为主要压力激素的皮质醇大量释放出来，它也被认为是引发警觉状态的诱因。

因此，如果长期处于慢性压力之下，我们就会一直处于这种"战斗或逃跑"的警觉状态，产生过剩的皮质醇。我们的身体将难以达到内稳态，也就是恢复到松弛状态。皮质醇会消耗我们的精力，让我们筋疲力尽。

慢性压力会让我们时刻保持警觉和生理唤醒，这不仅令我们身心俱疲，还会导致大脑萎缩。研究表明，慢性压力会导致海马体（大脑中负责记忆编码和存储的区域）体积减少14%之多，这是相当惊人的。有压力的时候，我们也更容易情绪失控，出现不健康的思维模式，甚至会出现消化不良和睡眠障碍。

帕斯格利在2006年的研究表明，当遇到猫时，老鼠的记忆会受到负面影响，这可能会给老鼠带来压力。于是，那些经常遇到猫的老鼠连入口和出口都会找不到。

难就难在我们可能意识不到自己正处于慢性压力之下，因为我们已经习以为常了。就比如我们可能并没有意识到自己的肩膀是紧绷的，除非有人告诉我们，我们才能看到肩膀松弛和紧绷之间的区别。

持续的紧张、偏执、注意力不集中、绝望和不知所措所产生的累积效应会如影随形。想象一下持续几天、几周或几个月都被肾上腺素刺激的后果。它不仅会损害我们的记忆和大脑的处理能力，而且会让正常的身体机能都难以维持。过量且持续的皮质醇会导致前额叶皮层神经元和海马体神经元受损以及神经递质血清素的减少，而血清素正是产生快乐感的物质。PTSD患者所遭受的就是这种痛苦，而且程度上要高得多。

此外，急性压力也不容忽视。

急性压力指的是当有人超车差点相撞或当我们陷入激烈争吵时所经历的肾上腺素飙升。不过，急性压力是瞬时而短暂的，可以被我们感知和注意到。此时，肾上腺素在我们的血液中流淌，让我们的掌心出汗、手掌颤抖。我们的身体在努力地给予我们应急所需的警觉和力量。剧烈的急性压力甚至会导致头痛、肌肉紧张、胃部不适或呕吐。

急性压力如果持续存在且持续时间较长，就可能会突破界限，成为慢性压力。

不过，这些标签并不重要。重要的是当我们处于压力之下时，大脑的能力和精力水平会发生怎样的变化。大脑实际上会通过最常被激活的回路重新连接来更有效地传递信息。当压力频繁出现时，这些通路会变得非常强大，成为大脑通往较低等的反应控制中心的默认途径。我们的原始脑更频繁地占据主导地位，而我们则失去了和我们的有意识、有逻辑且冷静的大脑之间的联系。

我们不可能轻而易举地避开生活中的压力，也不可能完全避开前面提到的那些吸血鬼式的人。我们最多能做到努力地保护自己，但是我们的努力不会永远万无一失。对大多数人来说，生活充满了不可预测性，也没有太多的选择。更好的对策是发掘应对压力的工具，也就是接下来我们要谈到的话题。

保持冷静

一颗冷静的大脑是精力充沛的大脑。我们求助于正念练习来放松大脑，使思维的自然状态保持理性、非反应性，并处于精力保存模式。

正念冥想是一种有意识的练习，它让我们把所有注意力集中在当下，对我们自己、我们的情绪和我们的想法保持全然的觉知。

它可以防止我们的大脑思虑过度和失控，两者都是思维精力耗竭的前兆。比起对当下发生的事情一无所知的人，一个觉察到自己当下想法的人更有可能保持自制和冷静。

对过去的追悔会消耗我们的精力，对可能永远不会发生的未来的焦虑也会消耗我们的精力。人处于这两种状态的时候，很容易出问题。并不是说如果我们无意识或分心时就会出现问题，而是我们将无法正确地评估自己是在用原始大脑思考，还是在用逻辑大脑思考。

从某种程度上讲，这一因素将会成为我们最大的敌人，让我们头脑紧张，心灵疲惫。大脑在与我们作对，生活也是如此。大多数人都面临着不同程度的持续的压力和焦虑。它不一定会随着时间的推移造成损害，但会把我们带离这条活在当下和情绪稳定的路。

　　正念冥想是解决所有这些问题的一个简便的方法。它既能使我们恢复精力，又能使我们跟外界的压力隔绝开来。前面讲过，这实际上是一种清空头脑的练习，最常见的方法就是专注呼吸。当然，放下自己的想法和担忧很难，因为我们觉得自己必须确保万无一失。我们做的最糟糕的两件事，一是纠结于无法改变的过去，二是紧盯现在并拿它们跟未来做比较。一个早已远去，一个尚未发生。两者都不应该是我们关心的问题。

　　刚开始进行正念练习时可能会有些烦恼，因为人紧张或不堪重负时总感觉脑袋里事情太多，不停翻腾。这样会更麻烦，因为我们一刻不停地处于活跃状态时，大脑和身体几乎是没有时间充电的。就像我们在本书中不断提到的那样，充满压力的大脑和精力充沛的大脑两者正好背道而驰。

　　放下过去和未来。一个已经不复存在，另一个可能永远不会到来。浪费时间去想它们不过是诠释何为无用。此外，你猜得对，这样做还会造成精力的巨大浪费，因为我们对它们束手无策。我们也要试着放下当下束缚着我们的思想和情感，把所有可能让我们分心的东西都放下，相信它们会在30分钟内回到原位。实在不行，我们可以尝试在进行正念练习之前把这些想法列一个清单出来。放心好了，世界不会在此期间停摆。

我们的注意力只应集中在周围正在发生的事情上。不念过往，不计未来，不思现在。唯一重要的是我们的呼吸，我们的感觉，我们周围的响动、声音、气味和景象。

静坐冥想虽然是最常见的，但是我们也可以选择跪膝法冥想或站立冥想。无论选择怎样的姿势，只要能够确保我们舒适地保持30分钟。身体如果很痛苦，大脑就无法清空。放松整个身体，将我们的注意力集中在当下的"空"上，我们就可以把自己从一切压力中解脱出来。

背部不要弯曲，这样我们呼吸的空气就容易进入肺部。用鼻子吸气。呼吸要深而缓，这样吸入的空气就能直抵腹部。正确的呼吸方式有助于我们的冥想练习。

我们的思绪可能会从呼吸中游离出来，不要自责，这是很自然的。走神的时候，原谅它，忘记它，继续专注于自己的呼吸。这会帮助我们重新集中注意力，而不是与我们游离的思绪做斗争。焦虑非常容易扰乱我们内心的平静，不断地跳进我们创造的心理空间。对于这些念头，与其接触它们，展开它们，不如观察它们，让它们消失，然后回到呼吸上来。我们并不一定要让自己的大脑安静下来，而是要把所有的念头集中到一处。

对于杂念多的人来说，把注意力放在身体的觉受上可能更有帮助。例如，有些人会将一杯水顶在头上（或者干脆举着它），因为这个动作需要最大程度的专注。巧的是，这也是很多人觉得跑步和其他重复性动作可以创造冥想状态的原因。我们也可以逐一活动四肢，感受每一部分的感觉。

放下。享受从每日所面临的外部压力中解脱出来的感觉。重启我们的大脑，清除所有妨碍我们清晰思考或自我觉察的杂念。体会空气在我们的嘴唇上、鼻腔内、喉咙里的感觉。专注于吸气和呼气的声音。

如果因为听起来过于简单而觉得不会有效果，那么你一定要亲自尝试，惊喜自来。从本质上讲，这就是正念的来源。我们的大脑就像滚轮上的老鼠一样，得到了难得的喘息机会。我们的身体能够微调到一种平衡放松的状态。我们还能够以全新的视角审视自己的焦虑，认识到我们的不堪重负并不是被迫承受的，而一直都是我们主动做出的选择。

再强调一遍，如果这听起来过于简单，请放心，研究已经证实冥想练习确有实效。在志愿者参加为期8周的正念课程之前和之后，分别对他们进行核磁共振扫描，结果有力地证明了冥想是一种有效的工具，可以"加强"大脑中负责执行功能的区域从而实现自律，特别是背外侧前额叶皮层、前扣带皮层和眶额叶皮层这些我们逻辑大脑中的核心区域。

此外，冥想被证明可以收缩杏仁核。杏仁核是控制情绪的大脑边缘系统的主要部分，也是"战斗或逃跑"本能的中心。所有证据都表明，练习正念的人比较不容易受到恐惧、冲动和压力的影响。思维精力常常被情绪冲动和压力所破坏，控制好这些情绪有助于意志力的培养。

最重要的是，扫描显示，前额叶皮层的灰质密度在冥想之后显著增高。灰质的增多并不仅仅局限于前额叶皮层。位于额叶后面的前扣带皮层也随着冥想练习变得更加密集。前扣带皮层这个大脑区域与自我调节有关，如监测注意力冲突，及允许更大的认知灵活性。换句话说，冥想既可以减少让我们失去自我控制的感觉和情绪，又可以通过改善负责这些感觉的大脑区域来提高我们管理它们的能力。

如果正念练习还没有成为我们日常生活的一部分，可以考虑30分钟看电视的时间，把它加入我们的"充电"仪式里。常听人说自己没有时间冥想，甚至可能把冥想看成花时间做没用的事情。事实上，如果每天冥想几分钟能让我们更有能力按照自己的意愿行事，那么增加的精力将远不止弥补这几分钟的不活动的时间。毕竟，我们的思维精力需要"充电"。

要点回顾

● 即使把身体照顾好之后，我们仍然会觉得自己像一块布丁：既不能随心所欲地按照自己的意志行动，又不具有结构强度。正如精力金字塔所示，身体健康是精力的必要条件，但不是精力的保证。思维精力和情绪精力往往比底层的身体精力强大很多，而这在多数情况下是对我们不利的。当然，我们偶尔也会有干劲十足、疯狂工作20个小时的情况，但更多的时候，我们会因为情绪精力或思维精力的消耗而陷入力不从心的状态。

● 先讨论情绪精力。它关系到我们如何看待自己、看待世界以及我们在其中的位置。它关系到我们的自信、安全感、焦虑和感受。它受到吸血鬼式的人、我们自己的消极信念、认知扭曲和消极叙事的影响。所有这一切都意味着我们在自己的头脑里耗费了太多的时间和精力，而不是把它们投入外部世界里。投入哪里了呢？通常是虚幻的东西上，就像认知扭曲所证明的那些。

● 几个最常见且最危险的认知扭曲是：非此即彼的思维、自责式思想、过度概化、灾难化思维，以及妄下结论。情绪化推理是一种特别值得注意的认知扭曲，它让我们丧失适应力，以情绪决定现实。破坏性比较不一定算是一种认知扭曲，但它创造了同样扭曲的现实和一系列预期。我们应该从自身情况出发来进行自我评价，而不是拿自己最差的一面和别人最好的一面进行比较。

- 想要解决被扭曲的信念和叙述，认知行为疗法很有必要。这是一项巨大的前期精力支出，但最终物超所值。就我们的目的而言，ABC思想日记的效果是最好的。我们对情绪的激发事件（或触发事件）和情绪反应本身进行分析，从中找出潜在的信念，从而将两者联系起来。

- 可以肯定的是，为了保护我们的情绪精力，我们应该避开多种类型的人。不一定只是表演型或消极的人，也可能是总事事占先却让我们善后的人。我们能做的就是过滤掉这些人，向世界传递正能量，并降低我们对他人的期望。

- 思维精力更多关系到疲惫而不堪重负的大脑，令人意想不到的是我们的大脑非常容易精神疲劳。自我损耗的概念表明，即使区区几个决定或自我控制也会把我们的思维精力消耗殆尽，让我们无法进行分析性思考和批判性思考。不过，思考生命中的深度主题是不可避免的，但我们可以尽可能地简化和精简它。这包括

尽可能设置默认决定，以及积极地保护我们的精神
带宽。

● 思维精力的核心是对大脑的压力感，我们可以通过在
每天或每周的例行活动之中加入正念冥想来抵抗这种
压力。目的是让我们的大脑从一切可能的事务中抽离
出来，让它从喋喋不休中平静下来。我们要认识到，
思维精力会有大量损耗，但正念冥想会迅速积累静态
的底色。通过正念冥想来保持平静，也会让我们的情
绪更加平稳。

IT'S IN THE CELLS

CHAPTER 4 | 第四章

精力形成背后的
细胞机制

到目前为止，我们已经从宏观和微观层面的多个角度讨论了精力问题。我们拥有的精力总量要看我们在行为、情绪和身体等方面表现的总和。可以这样理解，我们的身体是由相互关联的多个系统组成的一个集群。而且要记住，只要与精力或其中任何一个系统相关时，我们都不可以做零的乘法。

当然，在体能方面实际上还有更多东西需要深入研究。从生理层面提升精力远不止保证健康饮食、优质睡眠那么简单，虽然还是那句话，良好的睡眠和营养是开始的先决条件。

整个身体是一个复杂的有机体，完全由精力流组成，并依赖于精力流。前文我们已经提到了良好的饮食所起到的作用，以及胰岛素对血糖的影响，下面让我们更进一步了解身体是如何从摄入的食物中产生精力维持生命的。似乎我们上过的生物课与理解我们怎么工作，为什么对自己的目标和梦想充满热情都毫不相干，但是你细想就会发现，我们的每一个动作、每一个选择、每一种情绪、每一个器官都要依靠基本的化学和生理过程。

　　身体是由不同类型细胞组成的简单集合体。因此，我们显然必须依靠细胞来获得额外的精力优势。

　　第四章着眼于身体精力形成过程背后的细胞机制，特别是线粒体及其在创造人类生存生活所需精力过程中发挥的作用。虽然我们通过改善睡眠、摄入适当的营养等手段可以优化我们的健康状况，但是我们可以更加深入地了解自己的新陈代谢，可以切实地改善健康状况，提高精力水平。而这一切的尽头都是线粒体，所以让我们仔细来看看线粒体是怎么样工作的，以及如何增强线粒体的功能。

细胞的动力工厂

　　我们可能在高中就知道，线粒体是细胞的"动力工厂"。这些小小的细胞器在身体的每个细胞里负责将吃进来的食物转化成能量，然后这些能量又为身体其他部位的活动过程提供动力。就在我们坐下来读这些内容的这一刻，线粒体正在辛勤地工作，为我们每一块肌肉的每一次收缩，为我们的消化、皮肤中的热量，甚至大脑中跳动的电化学反应提供能量。其实，线粒体本身并不是这个过程中最重要的部分，反而是它们创造的另一个东西才是最重要的，那就是：ATP（三磷酸腺苷）。

ATP被认为是一种分子"货币"，身体利用它来进行能量交易。身体中的原子通过化学键聚集在一起，而食物中的能量就储存在化学键中。当线粒体内的这些化学键断裂时，能量被释放、捕获并储存起来供我们使用。这种能量本质上就是ATP。ATP是身体捕捉和保持这种能量并储存起来以备后用的方式。人体中有需要大量能量的细胞，比如心脏、肌肉或者大脑中的细胞，因此就有富含线粒体的细胞，因而其中也就富含ATP。

道理很简单：没有ATP，就没有能量，也就没有生命！而没有线粒体，就没有ATP。所以，如果真正关心自身健康和精力水平的提高，就要在做任何事情之前确保线粒体的健康处于最优状态。

有一点很关键，即线粒体功能障碍与衰老紧密关联。就我们的目的来说，解释这种关联性过于复杂，但是有几种理论可以说明为什么这些小小的"电池"会随着时间的推移而丧失功能。一种理论称有氧呼吸的本质就是损害细胞，因为线粒体膜内的氧化磷酸化过程会释放出有害的自由基。另一种理论与其他有关衰老的理论一致，认为重复的细胞分裂会使细胞突变随着时间累积，最终抑制线粒体功能。NAD+是线粒体机制中的一种重要的辅酶，在一些动物研究中发现它可以减缓衰老，但这还有待更多的研究来证实。

虽然线粒体数量是由基因决定的，ATP的数量则是由身体自然产生的，对于二者我们都无法干预。但事实证明，我们在每天的生活方式中做好选择，就可以对它们起到支持和促进作用。学会将线粒体功能发挥到极致，就意味着我们的认知功能变得更好，注意力更集中，肌肉更强壮，复原时间更快，衰老的速度更缓慢，而且精力更充沛。

随着我们变老，线粒体也会老化死亡。但是，这种死亡本身并不是问题。线粒体生物合成或新的线粒体的诞生，通常会代谢死亡的线粒体，问题是这个代谢的过程也会随着我们变老而减慢。这也就是说我们应该把精力放在支持线粒体生物合成上。那么，我们究竟如何知道线粒体是否健康呢？线粒体恶化的显微镜视图会显示线粒体死亡增多，再生减缓，ATP产量下降。从外表上看，结果就体现在身体衰老，以及出现慢性疾病。

很多人都听说过，人老了自然就容易累；小孩子可以精力无限地跑来跑去，上了年纪的人就不行。但事实并非如此！疲劳不是变老的常态，而是细胞水平上功能受损的标志。随着年龄的增长，并不是说精力的丧失不可避免。事实上，许多导致极度疲劳的功能失调及疾病（如纤维肌痛、慢性疲劳综合征甚至霉菌毒素引起的慢性炎症反应等）都具有典型的线粒体损伤特征。如果与有这些问题的人交谈，他们就会告诉你，感觉自己身体的电源插头好像被拔掉了，或者觉得自己身体的电池电量不足了。从细胞的层面来说，正在发生的状况正是如此！

线粒体功能障碍本身可能是一个问题，但许多其他慢性疾病中也有它的踪影，比如癌症、自身免疫性疾病以及阿尔茨海默病。甚至根据一些人的说法，自闭症也与其有关。许多疾病形成过程中都以这样或那样的方式与线粒体有关。虽然乍一看关注这个微小细胞器的生物学特性似乎并不相关，但研究得越多，就越会发现线粒体健康与整体健康和精力密切相关。

那么，我们应该做什么来确保给线粒体提供它们需要的一切，以便它们为我们提供所需的能量呢？事实证明，激发我们的细胞让它们达到峰值能量是相当普通的常识，而且我们可能已经在这么做了。**第一种支持线粒体健康的方法是注意饮食**。可能你已经猜到，精制碳水化合物和过量的糖是"线粒体毒素"。如果摄入的是高碳水化合物食物，但又不多做运动来立即燃烧这些能量，情况会更糟。因为这样除了会破坏我们的能量水平，让我们的血糖像坐过山车一样忽高忽低，高碳水饮食还会通过生成自由基，对我们的细胞造成更多的永久性伤害，甚至会增加长期患有2型糖尿病的风险。意大利科学家给老鼠提供30%的纯糖的饮食，仅仅8周后，他们就发现老鼠的肝脏线粒体明显受损。不仅如此，高糖饮食还明显地降低了老鼠修复损伤和参与线粒体生物生成的能力。

所以，首先要减少或不摄入含糖饮料、糖果、白面包、蛋糕和其他精制碳水化合物。没有必要采取完全零碳水化合物饮食或生酮饮食。然而，身体处于生酮状态时，它会产生酮，在某些情况下，酮可以清除自由基，减少氧化损伤，并有助于线粒体的生物生成。不过，自由基的危害是否像我们曾经认为的那样严重，这一点并不是百分之百明确。所以，不要觉得要对所有的碳水化合物敬而远之，尤其是如果这么做会导致宝贵的纤维、矿物质和维生素摄入量减少时。

其次，选择适量的优质蛋白质食源，然后是健康的脂肪，如鳄梨、橄榄油、坚果和籽类。不吃含糖量高的水果，而是选择色彩鲜艳、高纤维的蔬菜，如绿叶蔬菜。这些含有多酚的植物化合物也可以帮助我们减少体内的氧化应激。至于水果，可以吃蓝莓、樱桃、黑莓和李子，它们果色深，所以多酚含量高。

最后，一定不要暴饮暴食。像这样大量的能量堆积会损害胰岛素水平，也会对线粒体功能造成严重破坏，因为线粒体没法工作得那么快，多余的能量会以身体脂肪的形式储存在体内，而身体脂肪也会产生有害的自由基。由此，我们可能会猜到，限制热量证实对线粒体有益，方法是减少自由基和提高线粒体效率双管齐下。也可以尝试间歇式断食法或8小时进食法。此外，注意卡路里的摄入，避免暴饮暴食，就是走在了正确的道路上。

第二种有助于线粒体健康的方法是使用营养补充剂。在下定决心购买一种营养补充剂之前，要牢记，市面上推荐的营养补充剂虽然琳琅满目，但有能提供同行评议证据的寥寥无几。然而，我们可能会发现，作为提高精力的综合计划的一部分，营养补充剂确实能为身体增添一些东西。

其中，多酚提取物可以帮助身体抵御氧化应激和自由基损伤，它们的来源正是我们的饮食中应该包含的那些富含多酚的蔬菜水果。吡咯喹啉醌（PQQ）是一种广受欢迎并且富有效果的多酚营养补充剂。PQQ在自然饮食中并不丰富，但幸好黑巧克力中含有。甘油磷脂（GPLs）对线粒体健康的好处目前也正在研究之中。这些含脂化合物对细胞器中细胞膜的形成至关重要。线粒体本质上是由多处折叠成嵴状的内膜组成，这样可以增加其表面积，能极大地从GPLs中受益。

这类营养补充剂仍处于临床试验阶段，许多营养补充剂使用其他营养素，如CoQ10、NADH或NAD+、左旋肉碱和α-酮戊二酸。试验结果尚未得出定论，但如果好奇的话，有很多传闻证据表明，这些食物可能有助于缓解疲劳，提高整体的精力水平。

第三种提高线粒体健康和精力水平的方法似乎有些自相矛盾，那就是锻炼。如果我们已经在和疲劳作斗争了，那么在疲劳的状态上再加上剧烈运动，并希望借此增添精力，似乎就太牵强了。但研究结果清楚地表明：运动对线粒体非常有益。锻炼能改善心情，减轻体重，改善心血管健康和灵活度，还能增加精力，而且年纪越大越是如此。

任何形式的锻炼都是有好处的，有几项研究表明HIIT（高强度间歇训练）尤其有帮助。2017年发表在《细胞代谢》（*Cell Metabolism*）杂志上的一项研究表明，HIIT使线粒体的结构更加强健，可以使线粒体容量增加近50%，对年纪大一点的人来说增加得甚至更多。这个结论背后的逻辑是：线粒体功能就好像我们的肌肉一样；如果想改善肌肉，就不能让它们萎缩。相反，要向它们发起挑战，激励它们生长壮大，变得有力量。

耐力训练和有氧运动也能促进线粒体的生物生成。这些运动包括慢跑、徒步旅行和骑自行车。尽管负重训练会大量消耗线粒体功能，但自相矛盾的是，反过来它又能加强线粒体功能，而且有发现表明它还可以改善线粒体的整体健康。尤其是HIIT经证明可以提升所有的有氧呼吸功能，让肌肉更结实，心血管更健康。

最后，除了这些饮食和生活方式的改变，要注意积极保护线粒体不受环境毒素的伤害，因为环境毒素会加速它们的分解。这是一个相对较新的研究领域，但是烟草烟雾、重金属和污染等环境毒素都显示出对线粒体的功能有潜在的负面影响。尽管目前的证据有限，但众所周知，吸烟以及生活在烟雾弥漫的城市中无论如何都不利于健康。

即使我们不吸烟，也要尽量避免和吸烟的人待在一起。二手烟也有类似的负面影响。重金属已被证明会干扰线粒体膜氧化磷酸化（OXPHOS）所必需的酶，而且在井水中或有时在农产品使用的农药中会发现重金属。

为了保护自己，我们可以考虑使用滤水器，食用有机水果和蔬菜，至少就"十二大最脏果蔬"或在生长过程中接触农药最多的来说。这些果蔬包括草莓、菠菜、油桃、苹果、葡萄、桃子、梨、西红柿、芹菜、土豆、樱桃和甜椒。吃大量的水果和蔬菜比吃纯有机食品更重要，但如果负担得起，这12种果蔬选择吃有机食品，对于果皮厚或生长季节短的果蔬可以不吃有机食品。

总的来说，保持健康线粒体的建议并不稀奇，与一般保持健康生活方式的建议没有什么不同。保持健康的生活方式，多吃新鲜、健康、富含抗氧化剂的水果和蔬菜。多喝水、多睡觉、常锻炼；杜绝暴饮暴食、吸烟和饮酒。尽量不接触已知的环境毒素；为了精力水平更好，可能要添加一些关键的营养补充剂来满足身体的需要。

冷和热

对于勇于挑战的人来说，还可以做一些更有趣的事情来提高线粒体输出，感受超级充沛的精力。"冷疗法"虽然对有些人来说听上去没什么意思，但经证明这不仅是一种促进身心健康的强效手段，还是"生物黑客"*群体的心头好，可以让线粒体生物生成更上一层楼。

要让全身突然感到一阵寒意，不需要去西伯利亚裸泳。相反，可以换一种简单的方式，比如每次淋浴快结束时用尽可能冷的水快速冲一下，30到90秒就可以奏效。如果有游泳池，在非常冷的池水里快速泡一泡会大大提升线粒体健康。这么做有两个作用：首先，它本质上给线粒体提供了一个应激源来反应，就像锻炼一样；其次，当细胞变冷时会收缩，它们彼此靠近会让线粒体更快速、更有效地发挥作用。这是因为随着收缩，能量传播的距离变短。

如果已经准备好接受挑战，可以用一个装满冰块的浴缸打造出一个家庭泳池，或者利用一点DIY知识，加上一些创意来打造自己的冷疗装置。

这个理念是让身体定期进行冷疗，就像服用营养补充剂或进行日常锻炼一样。

冷疗法的好处在于，它不仅对我们的身体有好处，而且对我们的精神也有好处。让自己以这样的方式进入非舒适区中，需要钢铁般的意志和坚定的决心。相应地，我们所获得的精神上的坚韧感会给我们带来极大的满足。等线粒体得到提升时，我们在精神方面和情感方面同时得到增强，向自己证明了自己很强大，能够忍受得了痛苦，并能在体验中得到更好的结果。一头扎进冰冷的池水，还有什么能比这更让自己觉得充满激情和活力呢？

　　一方面，寒冷可以增加线粒体的数量；另一方面，高温可以提高它们的效率。如果自己更适合蒸汽浴和高温桑拿听起来更适合你，那么有一个好消息是，研究证明15到30分钟的高温能促使线粒体功能提升约33%。具体来说，在蒸汽室或桑拿房进行热疗时，我们的线粒体的能量需求会增加，它们会通过更有效地利用血液中的氧气做出反应。这个过程被称为氧化磷酸化。在一项研究中，连续6天暴露在热应激下，线粒体功能提升了28%。

　　此外，杨百翰大学的研究人员还对20名成年志愿者进行了研究，这些志愿者在研究前开始三个月没有参加过常规锻炼。研究小组每天对每个人的一条腿的大腿肌肉进行两个小时的短波透热疗法（一种由电脉冲产生的热疗法）。研究人员基于测量肌肉变化所需的最少运动量，即每天大约两个小时，进行了为期6天的热量试验。治疗过程使被加热的腿的温度升高了大约7华氏度。

每个参与者的另一条腿作为对照，不接受热疗或温度变化。研究人员观察了治疗第一天和最后一次治疗24小时后肌肉中的线粒体含量。

受热腿的线粒体功能平均提升了28%。而且，腿中的几种线粒体蛋白质的浓度也有所上升。这再次表明线粒体的健康状况随着适应性的增强而增强，就像肌肉力量一样。

热疗法有一系列经过充分研究的好处，包括有更好的运动耐力、延长寿命和让皮肤变得更好。然而，同时也有一些警告：近期有备孕计划的男性，最好不要进行热疗。

咖啡的真相

刚开始阅读本书时，一想到精力和如何获得精力时，咖啡可能会出现在我们的脑海中。很多人都喝咖啡或者以前喝咖啡。咖啡作为一种全方位增加精力的饮品，它的大名无人不知。许多人在精力萎靡不振、需要打起精神的时候首先就是来杯咖啡。

虽然已经探讨了许多让生活充满活力的因素，但是如果不提备受推崇的咖啡，以及它在智慧精力管理计划中的地位，那就是本书之过了。

令人遗憾的是，尽管咖啡给人的感觉是让人兴奋，但事实上，经常喝咖啡其实会损害人的精力水平。虽然这与人们的直觉相悖，但咖啡实际上根本不能给我们带来能量。当我们感到疲倦和无精打采时，神经递质腺苷（这是一种与ATP有关的抑制性神经递质）会进入大脑的受体，引发困倦的感觉。在深夜的时候，我们会打瞌睡，就是因为我们的腺苷受体已经饱和了。

咖啡中的咖啡因也可以进入这些受体，只是它具有相反的作用，即让我们感到兴奋，充满活力。这是因为它阻断了腺苷，而腺苷通常会堵塞受体，阻止它引发任何困倦的感觉。咖啡因本质上关闭了腺苷受体及其疲劳效应，总体上导致了一种兴奋效应。从短期来看，这个过程效果很好，而且有无数的研究证明，咖啡因能很好地提升精力和认知能力。

然而，我们的身体相当聪明，如果我们每天喝咖啡，它就会开始适应这种状况。在咖啡的作用减弱后，身体可能会加倍分泌更多的腺苷，几乎可以两相抵消。

然后，我们就会撞上一堵巨大的疲劳之墙，而这堵墙实际上比我们最初抵御的疲劳还要大。如果想再来一杯咖啡，可能就会陷入令人讨厌的精力旋转木马，喝的咖啡因越来越多，效果却似乎越来越小。试图戒掉咖啡的人可能会发现他们的精力水平完全崩溃了；他们相信咖啡因是唯一可以支撑自己的东西，于是又开始喝咖啡。然而，正如我们所看到的，咖啡因的功效只是一种错觉。

更重要的是，每天喝咖啡会长期过度刺激腺苷受体，导致身体加速生产腺苷和受体。接下来的状况会是，正常的精力基线下降，我们基本上会变得依赖咖啡因来达到正常的精力水平。就像吸毒的人产生了耐受性一样，我们最终会喝更多的咖啡，只是为了保持原来的精力水平，然后发现不戒掉就很难停下来。可叹啊！虽然我们可能发自内心地认为咖啡是我们精力透支时的"救命水"，但实际上它不过是让我们恢复到喝咖啡之前的正常精力水平。

喝咖啡之后，人醒来时会昏昏沉沉、无精打采，情绪也会变差。有证据表明，咖啡不仅对精力水平有负面影响，还会对身体产生许多其他负面影响。话虽如此，咖啡确实有一些好处，更不用说它的醇香扑鼻了。不喝咖啡是个好主意，但也可以选择喝几天，然后停几天。如果咖啡因成瘾，我们可能需要先花几个星期"排毒"，来重置身体系统。打起精神，尽管在头几天会感觉自己快死了，但我们的正常精力水平会恢复如初。

如果能戒掉咖啡，用不了多久就会看到改善的迹象。少喝咖啡可以改善睡眠，让我们一整天都感觉精神状态更加稳定，头脑更加清醒。如果饱受焦虑或抑郁之苦，可能会发现不喝咖啡会减少那种紧张的感觉，让情绪感觉更为平稳。经证明，停止喝咖啡对经前综合征和月经健康也有积极的影响，所以如果发现自己当月生理期在精力方面有变化，记住这一点。

咖啡还是一种利尿剂，所以我们可能需要几周的时间让身体找到更好的水分平衡。虽然咖啡不会直接让我们脱水，但会让我们排出更多的水分，导致脱水，从而让我们感觉迟钝劳累。如果你正在戒咖啡，就会发现用水或茶来替代有助于进行过渡，也会改善皮肤和消化的整体质量。最后，如果习惯在咖啡中加入糖，那么不放糖会即刻减少热量摄入，且有助于稳定血糖水平。

含咖啡因的饮料也含有大量的糖和脂肪，对身体系统会造成纯粹的破坏，进而会加深咖啡因崩溃效应。不喝含糖和奶油的饮料会让人立刻感觉身轻气爽，更不用说避开空热量*饮品的其他好处了。

如果我们还没有准备好对咖啡因一刀两断，那也没关系。我们仍然可以享受摄入适量的咖啡因，又不会对身体健康造成太大的危害。设定一个目标让自己每天摄入的咖啡因不超过400毫克（大约两杯），避免添加太多的糖和奶油。下午完全不喝咖啡，而是喝茶或喝水。定期不喝奶，而且有几周不喝咖啡。如果要喝，就试试不含咖啡因的咖啡，或者取一个折中的办法，将一半含咖啡因的咖啡与一半不含咖啡因的咖啡混合在一起。

最后，适量摄入咖啡因还有一个更重要的原因：肾上腺疲劳。肾上腺负责产生应激激素。如果它们不断受到过度刺激，就会变得疲劳，无法做出反应，从而导致我们感到彻底的倦怠。今天，我们许多人都处于压力过大、长期"开机"的生活方式中。这就像是处于"战斗或逃跑"模式，而且是一直处于该模式。

　　由于咖啡因加剧了这种现象，从而"恶名昭彰"。每天你喝的咖啡会不断地向肾上腺传递信息，使其产生更多的肾上腺素和皮质醇。虽然这些激素在真正的紧急情况下非常有效，但仅仅为了按时交差或者通宵达旦地工作，而不断让这些激素淹没我们的身体系统，长期下来对我们的健康没有好处。咖啡因会"掏空"我们的肾上腺，让我们精疲力竭。此外，咖啡不仅会导致胃灼热和肠道不通畅，还会干扰钙代谢，破坏血糖水平，妨碍药物治疗。所有这些叠加起来就是一场完美的疲惫风暴。如果有疲劳问题，生活压力特别大，又有自身免疫或荷尔蒙问题，或者最近正在努力战胜疾病，那么对待咖啡需尤其谨慎。咖啡，可能会是点燃我们肾上腺问题的火药桶。

在后疫情时代里回归自我，

关注健康，重建生活秩序

要点回顾

● 我们知道身体是由相互关联的系统组成，而且前面已经讨论过它的体能层面。但在体能方面，还有一个细胞维度值得讨论。因为我们的身体是由不同类型的细胞组成，这些细胞决定了我们有多少精力。具体来说，最为关键的是我们的线粒体健康。线粒体通常被称为细胞的动力工厂，它产生ATP，而ATP可以视为我们身体的燃料。

● 因此，总的来说，关键是增强线粒体健康，促进线粒体生物生成或细胞中额外线粒体的生长。有四种方法可以做到这一点，而且无一例外总体上都与健康平衡的生活方式保持一致：（1）饮食（食用富含多酚的食物、间歇性断食、不暴饮暴食、警惕糖尿病酮症）；（2）营养补充剂；（3）锻炼（HIIT最有效）；（4）避免接触环境毒素。

● 另一种改善线粒体健康的方法是控制冷热。冷疗法的作用是帮助细胞收缩，从而使线粒体内的ATP生成更高效、更强大。热疗法通过强迫适应来起作用。

● 最后，我们来说说咖啡。虽然咖啡一直被誉为即刻和在短时间内提升精力的王牌饮料，但我们本能地怀疑它不是最好的解决方法。事实证明确实如此，因为咖啡会严重扰乱一些关键的神经递质，导致恶性循环，维持同等的精力水平需要摄入越来越多的咖啡因。更糟糕的是，咖啡会导致肾上腺疲劳；当我们感到警惕或兴奋时，肾上腺素就会不断地分泌。而它本不应该这样大量分泌，因为它会妨碍我们放松，而且很容易导致我们承受精神和身体的双重疲惫。

* 生物黑客（Biohacking）也被称为"DIY生物学"，是一个内容宽泛的术语，包括控制和修改个体生物学的方法。它涵盖了各种可以优化一个人身心健康的实践。——编者注

* 空热量（Empty Calories），指含有高热量，却只含有少量或缺乏基本维生素、矿物质和蛋白质。——编者注

ENERGIZED
PRODUCTIVITY

精力满满的生产力

至此，我们已经了解了精力的来源，可能也了解了自己过度疲惫的原因。而且正如我们所发现的，我们在一定程度上可能在进行自我破坏。

最后一章，会介绍一些在精力不足时也能保持高效的心理技巧。有时候，改变对工作的看法或心态就能带来改变。没错，面对同样一个任务，我们有时候会觉得疲劳不堪，而有时候就会觉得充满活力，区别就在于看待这个任务的角度不同。

生产力中的物理学

有谁会想到生产力和精力居然可以从物理学、数学和方程的角度来审视呢？畅销书作家斯蒂芬·盖斯（Stephen Guise）就是那个另辟蹊径的人，他用牛顿的运动三定律作类比，归纳出了生产力的三定律。

通过将精力分解为物理概念和方程，其中包含了可以识别的各种元素及其之间的相互作用，我们就能确定，要想提高生产力，就需要做或不做哪些具体事情。就像解数学方程一样，如果知道精力不足时起作用的变量，就能找出不起作用的特定变量并加以处理。

运动三定律由物理学家艾萨克·牛顿于1687年提出，用来解释物体和系统如何运动以及如何受到外力作用。这些定律为理解小到机器零件、大到宇宙飞船和行星的运动奠定了基础，将它们应用到人类认知和行为科学还可以阐明精力背后的机制，以及如何控制这些机制来提高生产力。

第一运动定律。根据牛顿第一运动定律，静止的物体总是保持静止状态，运动中的物体总是保持持续运动状态，除非受到非平衡的外力作用。

显而易见，这条定律非常适合应用到拖延症上：静止的物体总是保持静止状态，就是说一个处于停止状态的人总是保持停歇不动，除非有某种力量迫使他行动起来。所以，如果目前我们处于对自己的既定任务不采取行动的状态，我们就会保持这种不采取行动的状态不变，除非受到刺激，才会行动起来。因此，一直对任务不采取行动是一个基本的宇宙法则。

不过别忘了，牛顿第一运动定律还有后半句：运动中的物体总是保持持续运动状态，也就是说一个处于行动状态的人也总是不停行动着。所以这条运动定律也表明，如果我们手头正在做事，则极有可能会继续做下去。**精力开始流动之际，正是精力长流之时。**

想要充满精力，最为关键的是想办法开始。要想办法动起来。一旦你开始行动起来，一直行动下去直到把事情做完，就变得无比轻松了。

接下来的问题是，该如何开始一项任务呢？作家詹姆斯·克利尔（James Clear）建议遵循所谓的"两分钟法则"来提高效率。这条法则指出，要在想到你的任务的两分钟内行动起来。要把这事看作是自己和自己签订的私人合约。无论如何，你都要在接下来的两分钟内启动。要给自己一些冲劲儿，万万不能让精力水平趁机拖你后腿。

举个例子：假设我们要做的事情是，写一份报告来详细说明本部门的项目进展情况。为了克服一上午懒散的惰性，只需要在接下来的两分钟内简单写下项目名称、目标或预期产出即可。不需要考虑把剩余的事情也做了，只要在两分钟内开始就够了。这个举动有助于打破一直以来拖我们后腿的不采取行动的状态。一旦动手写下关于项目的东西，就会发现坚持下去变得容易得多。

遵守这条法则的另一个好处是逼着我们把任务细分成越来越小的步骤。因为我们给自己设定了两分钟的开始时限，这要求我们优先考虑更容易处理的工作，以便可以快速而轻松地开始。

注意，两分钟法则并不要求我们保证完成任务，甚至不要求我们按部就班地进行。此外，它也不需要我们关心输出的质量，评判和改进也可以留到以后进行。它只需要我们开始，进入行动的状态。

根据牛顿第一运动定律我们会发现，一旦开始行动，我们总是会持续行动下去。精力产生精力。所以，与其等待有大量的精力之后再开始，不如直接开始，从小处做起。这样就会发现动力和内驱力会像滚雪球一样，越滚越大。

第二运动定律。牛顿第二运动定律阐述了特定的力如何影响物体的运动速度变化的快慢，以公式 $F=ma$ 表示，即所有外力的总和（F）是这个物体的质量（m，表示物体中所含物质的量）与它的加速度（a，表示物体运动速度的变化率）的乘积。

换句话说，第二运动定律指出要使一个特定质量的物体向某个方向加速需要多大的力。正如方程式所示，力、质量和加速度这三个变量之间的关系是成比例的。物体的质量越大，使它加速所需要的力就越大。同样，想要一个物体在一段时间内移动得越快（即加速），需要施加的力就越大。

所以，如果我们想让一个物体加速，比如，一个球，那么我们对这个球所施加的力的大小以及方向不同，就会产生不同的影响。如果使球向左而不是向右移动的力施加得更多，那么可以肯定的是，球会向左移动得越快。

这条定律应用到精力上面，就是说我们不仅要注意所做工作的量（大小），还要注意把功用在什么地方（方向）。如果我们做了很多工作，但没有集中在一个方向上，那么我们取得的成就会比全力以赴去做一件事要小得多。

一个人所能完成的工作量是有限度的，因此，要想让我们的努力获得最大的收益，我们需要开始有意识地关注工作的方向。正如牛顿的 *F=ma* 方程式所告诉我们的，努力的方向和努力的程度同等重要。诱惑、干扰和主次不分都会分散我们的精力和努力，因此，避开这些因素是优化我们生产力的关键。我们的精力要有的放矢地使用！

假设在一天结束之前，我们有一大堆事情要完成：回复5封客户邮件，看完一份冗长的研究计划并做出评判，以及为一位已经离职的员工写推荐信。

运用牛顿第二运动定律时需要认识到，我们能以多快的速度完成一项特定的任务，在很大程度上取决于我们把精力集中且只集中在这项任务上的能力。如果我们坚持分散"兵力"，整个上午频繁地从电子邮件到研究计划再到写信之间切换，我们就不太可能在午餐之前完成其中任何一项任务。甚至我们可能只是把在这些任务上的来回切换作为一种手段，以此拖延所有的任务。

为了解决这个问题，请运用牛顿第二运动定律：在单一方向上施加我们的精力/力量，以获得最大的加速度。

第三运动定律。该定律指出："每一个作用力，都有一个大小相等、方向相反的反作用力。"这意味着，当物体A对物体B施加一个力时，物体B同时对物体A施加一个大小相等但方向相反的力。例如，当我们游泳时，我们对水施加一个力，把它向后推。同时，水对我们施加一个大小相等但方向相反的力，从而推动我们向前。

第三运动定律应用到生产力与精力上反映出，在生活中也有生产力和非生产力在起作用。这是一场持久战，而每个人的平衡水平都不同。对于缺乏生产力的人来说，他们的非生产力往往会占据上风。

生产力包括积极性、氛围、环境、社交网络、专注力和动力，而非生产力包括压力、诱惑和干扰、不切实际的工作目标和不健康的生活方式（如饮食不规律或睡眠不足）。这两种相反力量之间的相互作用和平衡，形成了我们特有的生产力水平和精力水平。

这种平衡可以朝二者中任何一个方向倾斜。所以，它可能会让我们变得富有成效，也可能会让我们疲惫不堪。比如，当我们休息得很好，对自己的能力很有信心的时候，可能只需要一个小时就能完成一份报告。但当我们压力很大、没有安全感的时候，可能就需要一周的时间才能完成同样的事情。

根据牛顿第三运动定律的应用，有两种方法可以提高我们的精力水平。第一种方法是增加生产力。这就是斯蒂芬·盖斯所说的"撑下去"策略。在这个选择中，我们只需要想办法增加更多的精力，试着把抑制我们工作的非生产力压制下去。具体办法可能包括：一杯接一杯地喝咖啡（尽管我们应该知道这种做法的危险性），看励志的书籍或视频来领悟激励人心的话。

虽然"撑下去"的策略可能会奏效，但只能维持很短的一段时间。这种方法的问题在于，我们只是在掩盖那些仍在破坏精力的非生产力，同时，这么枯燥的做法也很容易令人倦怠。

盖斯建议通过第二种方法来直接处理非生产力，即削弱或完全消除非生产力。具体办法包括减少要承担的任务的数量、学会说"不"，以及通过改变环境来简化生活。

相比之下，第一种方法需要我们增加更多的生产力，第二种方法只需要移除阻碍生产力的障碍来释放体内蓄积的精力。可想而知，比起通过增加更多的积极力量来产生精力，第二种方法更容易奏效。

举个例子，假设你需要为自己所在组织的项目发起人完成一份年终评估报告。你知道自己是那种需要安静下来才能高效思考和工作的人，但你的工位正好夹在两个健谈的同事中间。与其就那么在嘈杂、充满干扰的环境下"撑下去"（即试图提高我们的生产力），不如考虑换个安静的地方，或者客气地请同事们在接下来的一两个小时内不要打扰你（即消除非生产力）。

这样一来，我们就会更有动力开始并坚持完成一项任务，不一定是因为我们提高了自己的意志力，而是因为我们已经让体内的自然精力不受阻碍地流动起来。

消除选择悖论

虽然大多数人倾向于认为有选择是好事，并且选择越多越好，但是对人类行为的最新研究表明，事实上并非如此，心理学家巴里·施瓦茨（Barry Schwartz）将这种现象称为"选择悖论"（paradox of choice）。当人们有更多的选择时，他们的境况往往比只有一种行动方案时更糟糕。

举个例子，假设你所在的公司提供了多种类型的研究资助，你都可以申请。压力在于你要在所有能选的资助中做出"最佳"选择，为了找出这个最佳选择，你会因为陷入对大量细节的比较筛选中而不知所措。于是，你将整个研究工作反而放在了次要位置，多年没动过。由于手头没有任何新的研究成果，你的事业停滞不前，而这仅仅是因为你在众多选择面前已经迟疑不决到无所作为了。精力都浪费在了无意义的事情上，而你依然站在十字路口，多么可惜。

因此，学会处理选择悖论是一种可以将精力最大化的必要技能。如果我们已经建立了一种思维模式，能够在面临多种选择时及时做出合理的选择，那就不太可能把精力浪费在无关紧要的事情上。

选择悖论常会产生负面影响，因为人一旦选择过多变得迷茫，往往会出现以下两种情况之一：

其一，在做出一个选择之后，可能仍然会对其他没有选择的选项念念不忘。例如，在买下一幅画之后，可能会不停地想，要是把已经买了的这幅画换成没有买的其他画，那该多棒啊！所以，人永远不会真正对自己所做的决定感到满意，因为我们心中的一部分总是在惦念着错过的那些选择。这是"买家懊悔"的终极案例。

其二，选择太多会让我们难以取舍，以致在做任何决定和事情的时候都裹足不前。这可以用哲学上的"布里丹之驴"（就是字面意思上的驴）的悖论来说明。这条悖论因哲学家让·布里丹（Jean Buridan）而闻名，讲的是一头饥饿的驴子站在两堆一样的干草之间。驴子总是选择离它较近的干草，但这一次两堆干草的距离相等。由于无法在两堆干草中做出选择，驴子最终饿死了。

应用到生产力与精力机制中，选择悖论最终会消耗我们的精力，因为我们会在重大的责任感之下延迟做决定，或者只是徒劳地原地踏步。

战胜选择悖论的关键是给自己设定规则和限制。我们需要黑白分明地看待事物，因为灰色地带是滋生过度思虑和精力浪费的沃土。在这个色谱里，我们很有可能会陷入困境，痛苦地纠结于哪种灰色才是最好的选择，直到厌倦了这种不确定性，失去动力，最终无法做出任何选择和行动。当布里丹之驴看到的是灰色的阴影而不是通往食物的一条明确路径时，它便摇摆不定，活活饿死了。

为了避免落入这样的陷阱，保存我们的精力（还记得自我损耗吗？），可以使用以下策略。

专注于一个因素而刻意忽略其他的一切。每个选项肯定都有自己的优缺点，在众多的选项中做出选择不仅仅是一个权衡利弊的问题。相反，这很大程度上取决于我们真正关心的是什么，而这往往可以归结为一两个关键因素。所以，与其面对无数的标准无法做出选择，不如只关注一两个重要因素而忽略其他。这样，我们就能更清楚地知道哪个选项最适合自己，也可以更快地做出选择。

假设我们需要买一台新微波炉，在我们面前摆着很多种型号，每一种都有自己的一套功能和独特创新。如果我们不知道要关注哪些因素，就很容易被这么多选择带来的各种花哨的东西迷了眼。

所以，为了更容易做出适合自己需要的选择，我们要事先定下一两个做决定时想要依据的具体特征，比如尺寸多大（必须适合厨房的空间）和具备传感烹饪功能。只要记住这两个特性，我们就可以排除很多不符合要求的型号，从而有效地缩小选择范围，更简单地选择出合适的型号。

设定一个做决定的时限。尽量在两分钟内做出决定。无论我们在两分钟结束时做出了什么决定，都要坚持到底。为做决定的时间设置了上限，这就打破了选择悖论。它能让我们避免因错过而产生的负面后果，还能激励我们采取必要的行动来实现自己的目标。

举个例子，假设我们负责为即将到来的晚会选择和安排场地，但在场地A和场地B之间左右为难。因为无法确定哪个场地是更好的选择，我们已经把预订时间推迟了好几周。为了避免浪费更多的精力，我们给自己限定两分钟的时间，做出一个决定并保证坚持下去。

我们可以在这两分钟之内在两个场地之间来回考虑，但是时间一到，无论选择哪个场地，它都应该是选定的那一个，比如场地A。为了给这个选择上保险（不反悔！），要确保在两分钟内打电话预订场地A。

立即选定一个默认选项，如果没有其他更好的选择，就用它。一旦选定一个默认选项，我们就可以设置一个很短的时间段来尝试寻找其他选项，然后与默认选项之间进行权衡。如果其他选项都不符合我们的默认标准，那么我们只需恢复到初始选择。这样，我们就可以确保事先已经做好决定，一旦需要采取行动的时候，简单地执行即可。

已经确定了默认选项这件事本身就构成了一种选择，一种我们最有可能坚持并贯彻到底的选择。

还是前面那个例子，假设我们负责为即将到来的晚会选择和安排场地，但在场地A和场地B之间左右为难，完全推迟了对这项任务的推进。

为了不让自己进一步浪费精力，可以把场地A设为我们的默认选择，然后留出三天时间，继续寻找其他的选择或者比较场地A和场地B之间的利弊。如果到第三天结束时，我们发现自己要么对其他选择心存疑虑，要么觉得所有选择都还不错而陷入纠结，那么就恢复到我们的默认选择：场地A。

这样，我们就可以继续推进活动计划，不会因为无法做出选择而犹豫不定。

最后，争取尽可能去满足自己的欲望。"满足"

（satisfice）一词是"满意"（satisfy）和"足够"（suffice）两个词的组合。这是司马贺（Herbert Simon）在20世纪50年代创造的一个术语，它代表我们应该追求的目标，而不是确保令我们幸福感最优化和最大化的东西。

一般来说，在做选择时，人可以分为两类：最大化者和满足者。

假设我们正在买一辆新自行车。最大化者会花好几个小时去研究自己的决定，并对尽可能多的选项进行评估。他们希望买到符合预期的最好的自行车，并为此不遗余力。他们不顾边际效用递减规律和帕累托法则（也称关键少数法则），渴望得到百分之百的满足。

相比之下，满足者追求的只是得到满足，寻找的是一个能够满足预期的选择。他们想要的是能够令自己感到满足和喜悦的东西，但不需要喜出望外或者欣喜若狂。他们的目标是"够好"，一旦达标便会停下来。

这是两种截然不同的衡量标准。研究表明，满足者对自己的决定往往更加满意，而最大化者往往继续痛苦地想着更好的选择。

最大化代表了当代的一个难题。这是因为，尽管现在比人类历史上任何时候都更有可能得到我们想要的东西，但同时也存在选择悖论，这使得完全满意成为不可能。在处理实际问题的时候，很少需要做出价值最大化的选择。因此，付出相应的努力，做出选择即可。

大多数时候，我们只是想要一些可靠的、能用的东西。假设我们在一家小卖铺里，正在挑选想要的花生酱。此时应该追求的目标是什么？是满意，还是最大化？同样的思考方式应适用于99%的日常决定。

否则，我们会不断地陷入纠结，把我们的精神带宽浪费在收益递减的地方。不管最理想的花生酱能给我们的生活带来什么样的净收益，都不值得我们付出额外的精力去寻寻觅觅。

说“不”的力量

与此密切相关的，是对所有与我们的目标和使命不一致的事情说“不”的习惯。充满活力，富有成效，知道在一天中如何做出选择……一切都归因于专注。

谁都没有无限的精力或无尽的精神资源。想要最大限度地利用现有资源，就需要精打细算。所以，除了想办法增加精力、确保精力不被浪费或挥霍这两种很好的策略之外，还有第三个策略——最充分利用我们的精力。这又回到了专注的问题上。把注意力放在对我们最重要的事情上，同时把注意力和精力从不太重要的事情上移开。记住，生产力不仅仅是要把事情做对，还包括要做对的事情。

说"不"是一种宝贵的生活技能，它能保护我们的资源，维护我们的界限，让我们朝着目标不断前进。在很多场合说"是"很好，但说"不"也必不可少，它可以帮助我们培养自我价值感和自主性，从而避免被别人轻视或压制，也能更有意识地引导我们的生活走向自己希望的方向。许多人疲惫不堪并不是因为缺乏精力，而只是还没学会对那些不断向他们索取（有限的）精力的事情说"不"。

说"不"的时候，我们就能掌控自己的生活，更好地分配我们的精力，并且赢得别人的尊重。我们可以拥有属于自己的生活并对它负责。我们可以腾出资源用在自己最关心的事情上。

　　第一步是注意什么时候说"是"会导致精力受损。许多人在该说"不"的时候却说了"是"，因为我们害怕不被人喜欢或冒犯别人。我们不想让别人不安或失望，也不想惹人注意。也许我们感到内疚或有压力，也许只是觉得顺从比抗拒更容易。但是，如此一来，除非我们掌握了说"不"的艺术，否则将会继续损失精力，更不用说会感到恼火、被人压制、不受尊重或不被当回事。

　　一旦明确了自己为什么频繁地说"是"，我们就需要重新制定一些关于说"不"的心理脚本和核心信念。说"不"并不意味着我们是坏人。无论是在单位、学校、家庭，还是在个人关系中，我们都有权利和自由为自己的利益着想，设定边界，并在必要时捍卫这些边界。

　　有些人唯唯诺诺，是因为他们有一个核心信念，即有责任处理好他们所有的人和事，或者除非他们对别人有这样或那样的用处，否则他们作为人就没有价值。如果我们长期有讨好型人格或低自尊的问题，那么找心理咨询师不失为一个解决方法，可以帮助我们重构信念并开启精力保护，这样我们就可以把精力导向对我们重要的事情上。不过，即使不选择咨询，我们也可以按照以下步骤来更有效地说"不"：

1. 弄清楚自己想要什么。我们有多少精力，我们最想用它做什么。

2. 对自己做出承诺。如果我们自己内心都不相信自己有权利说"不"，那就永远无法说服别人。

3. 一旦准备好了，就说"不"。要冷静、直接、有礼貌，但不要动摇。

4. 贯彻执行。不要先说了"不"，再改变主意，或近乎"补偿"性地提出做其他事情。如果人们不尊重我们的界限，就要按照我们设定好的方式去做。

5. 不断练习。一开始会很难。我们越自信、越冷静，就会越容易。坚持下去！

　　说"不"通常需要一点策略，但是只要我们按照上面的步骤去做就没问题。让说"不"成为一种习惯。我们要清楚自己的价值观、原则和界限是什么，并大胆清晰地表达出来。一开始我们可能会感到内疚，但还是要提醒自己，我们有自行决定如何使用精力的自由，实际上这是在为我们关心的事情节省精力，这样我们能有尽可能多的热情投入其中。

避免过度解释、辩解或道歉。做到简单、清晰、目标明确。可以事先对着镜子练习，或者准备一个简短的话术。如果对方一直催你，你只要多重复几次就好，不要慌。人们很快就会认真地对待你的界限。

当然，我们仍然可以保持礼貌。如果我们想拒绝并且条件也合适的话，可以委托别人或提出一个替代方案，但要提醒自己，不必为其他人对我们界限的反应负责。在某些情况下，一个善意的谎言可能会有所帮助，但在大多数情况下，最好是把丑话说在前头，做出明确而彻底的拒绝。如果觉得过意不去，我们可以共情并给出一个解释，但不一定非要这样做。常言说得好，"不"，就是完整的一句话。

动力（和精力）随行动而来

在对抗精力消耗的战争中，我们要抱持的最后一种心态，是可以激发真正的精力和对提高生产力产生渴望的方法。大多数时候，不管真正的原因是什么，我们都会以告诉自己没有心情（我不喜欢）而无果而终。

听着，如果我们都知道该怎样百分之百地激励自己，那么实现我们的目标将会容易数百万倍，就像按下一个神奇的按钮就能让我们从床上爬起来开始工作一样。每当精力不济时，只要再按下那个按钮，我们就会被注入另一剂良药，生产力立即得到相应的提高。想要达到这个效果，最合理的办法是喝咖啡，但即便如此，效果也会递减。

当我们喜欢一个项目或者在做自己真正热爱的事情时，我们会更容易感到有动力。但也要现实一点，有些时候，仅仅是离开床就已经是一种挑战，甚至是一项巨大的成就。对于我们中的大多数人来说，我们并不喜欢赖以谋生的工作，也无法从中感受到动力。艺术家可能会因为受到鼓舞和激励而把梦想变成现实，但对我们其他人来说呢？我们不过是在努力攒足意志力来度过每一天。这一切都说明了动力对采取行动和开始行动的作用。

无论我们的目标是什么，动力都起着重要的作用，它可以决定我们是成功还是失败。它是影响我们干劲和志向的最重要的一个因素，然而我们对它的认知却完全错了。

想到动力时，我们想要的是那种能点燃内心的火花的东西，能让我们从沙发上跳起来投入到做事中的东西。我们想要的是可以引发行动的动力。这样想是有些问题的，也就是说，其实我们可能是在寻找并不存在的东西，而这只会让我们在一旁白白等待，从而失去行动和竞争的机会。这样的动力即便找得到，也是非常不可靠的。如果我们觉得自己需要的是激发行动的动力，那就大错特错了。

比如，一个觉得没有动力或灵感就无法写作的作家，会盯着一张白纸，一盯就是几个小时。故事结束。

事实上，我们应该在无须动力启动的情况下做生活规划。因为寻找所谓的动力反而给行动增添了必要条件和额外障碍，所以要养成在没有动力的情况下也能继续行动的习惯。这时我们会惊讶地发现，我们将找到自己所寻求的东西。**行动带来动力**，进而引发更多的动力，最终形成推进力。

我们对某件事付出的努力越多，它对我们就越有意义。我们的行动将是我们前进的动力。在迈出第一步之后，看到自己的努力取得了进步，动力就会更容易、更自然地产生，灵感和自律也会随之而来。我们会进入一种状态，忽然间就进入工作情绪/模式。第一步总是最难的，但第二步就没那么难了。

为了可重复性，忘掉动力。开始行动吧，我们会变得有动力。迈出第一步很难，但是，想想看，只要开始行动，动力会有的，还有很多其他的东西也会有的。

例如，信心也会随着行动而来。毕竟，如果我们连试都没试，怎么可能对一件事有信心呢？对行动的体验会告诉我们，一切都会好起来的，没有什么好害怕的。这是一种根植于第一手经验的信心，相对于在行动之前试图说服自己可以做到的虚假信心，这种自信更容易找到。

公开演讲几乎总是一件可怕的事情。想一下我们会怎样试着去寻找行动的信心：我们会告诉自己一切都会顺利的，会想象观众在你面前一无所知，会提醒自己排练了多长时间。再想一下演讲开始之后我们是如何找到信心的，即行动是如何为我们带来信心的。"我演讲了，讲得很好"，这比起"我还没演讲呢，但我想我会讲得很好"来得更有说服力。

这里最重要的一点是，不要等到百分之百准备好了才迈出第一步，也不要认为行动之前先有动力是行动过程中必不可少的一部分。我们可能永远不会觉得自己已经完全准备好了。但是开始行动起来比任何事情都更能激励我们，所以，让行动来激励我们，建立信心。改变我们对动力的期望，去掉我们强加给自己的要求。

作为人类的一员，拖延的倾向可能是我们边缘系统中根深蒂固的一环，但这并不意味着我们应该永远做自己的原始驱动力和种种冲动的奴隶。建立积极的心态，会让我们更好地控制那些驱动力和冲动，从而战胜拖延的诱惑。

要点回顾

- 精力有很多很多的成因和消耗途径。第五章讲述了如何在疲劳的情况下保持生产力。

- 第一个策略是，了解如何将牛顿的运动三定律应用于精力方面。把我们的精力（或精力缺乏）看作一个方程式很有帮助，因为它能让我们思考生活中存在的变量，并学会如何控制它们。首先，静止的物体总是保持静止状态，运动中的物体总是保持持续运动状态（第一步是最难的一步）。其次，产生的工作量是专注力和投入力的乘积（有意识地集中精力）。最后，每一个行动都有一个大小相等、方向相反的反作用力（盘清一下我们生活中存在的生产力和非生产力）。

- 精力的另一个因素是选择悖论。过多的选项和选择实际上是有害的，因为它们导致我们变得优柔寡断，让我们饱受犹疑的困扰，甚至会让我们像布里丹之驴一样，饿死在两盘食物之间。为了克服这种倾向，要养成设置做决定时限的习惯，黑白分明地看待事物，以满足为目标，立即选择默认选项。

- 如果学会对不符合我们的价值观、原则、界限或目标的事情说"不"，我们会更高效、更专注。保持冷静和清醒，我们永远有权设定和坚持我们的界限。

● 最后，要明白，动力和精力不是自发出现的。它们可能永远不会在行动之前出现。但在开始行动之后，它们几乎总会出现。动力和精力随着行动而出现，然而我们大多数人却在寻求创造行动的动力和精力。我们只要开始行动，往往就能让自己感觉更好。

精力重启计划

精力自查情况

☐ 长期压力　　　☐ 头痛　　　　☐ 时常否定

☐ 失眠或睡不安稳　☐ 胸痛　　　☐ 想要脱离人群

☐ 注意力不集中　　☐ 心悸　　　☐ 人际关系淡薄

☐ 记忆力　　　　☐ 肠胃病　　☐ 缺乏耐心

☐ 头晕　　　　　☐ 时常怀疑　☐ 缺乏热情

精力金字塔

意志精力

思维精力

情绪精力

体能精力
（饮食、睡眠、锻炼）

对你的饮食情况进行"尽职调查"

规划饮食，优化能量水平

摄入少量的优质脂肪

是能量的必需成分，也是内分泌系统及身体其他一些重要机制正常运转的必需部分

摄入大量的蛋白质

帮助维护、修复肌肉的结构成分

摄入主要来自植物源性食物的碳水化合物

点燃新陈代谢之火的引火柴

摄入含有多酚的植物化合物

帮助我们减少体内的氧化应激

吃与不吃，是个问题

千万别吃

能吃的小零食

拒绝妖魔化

不要妖魔化碳水化合物，如果完全摒弃碳水化合物，你可能会发现自己会无缘无故地感到饥饿、烦躁。

一日三餐，吃出好精力

早餐	午餐	晚餐
燕麦片和水果、全麦吐司和花生酱、蔬菜煎蛋卷、麦麸片或含有蛋白粉的奶昔	全麦面包三明治，鸡/鱼肉搭配素食沙拉，或者配富含纤维的汤	可以试一试碳水化合物、脂肪和蛋白质三者均衡的任何食物

每周食谱	
星期一	
星期二	
星期三	
星期四	
星期五	
星期六	
星期日	

· 记得喝水，要喝得比你自己认为应该要喝的多
· 慎重摄入咖啡因

把每一餐要吃的食物，提前写（画）在餐盘里，记得营养均衡哦！（提示：关注食物升糖指数。）

睡眠篇　　熬夜透支的是人生下半场的生命力

功能

· 恢复精力：睡眠是给身体充电的过程。

· 提高免疫力：增强机体产生抗体的能力，从而增强机体的抵抗力。

· 清理代谢废物：尤其是大脑在高强度工作时会产生很多毒素，需要依赖人体熟睡时分泌的脑脊液的清洗。

执行作息表
每天（当然包括周末和休假）遵守固定的上床睡觉和起床时间。

调节光线，善用光照调节节律
管控高科技设备的 LED 显示屏，降低蓝光，调暗屏幕亮度。清早起来，让自己出现在明媚的阳光下。

建立舒缓轻松的睡前仪式
· 向身体发出"该睡觉了"的信号。

· 泡热水澡、做按摩、练瑜伽、读轻松读物、美容护肤、写日记、听轻柔舒缓的音乐等。

· 即使没睡着也没关系，千万别给自己压力。

打造睡眠安乐窝
使用遮光窗帘，布置轻松而简约的床头装饰，选择自己喜欢的温度和湿度，使用助眠香氛，使用高舒适度的床上用品，穿戴透气睡衣、睡眠眼罩/耳塞等。

用一种更放松的态度来对待睡眠
清空思绪，睡眠不好又不是世界末日。即使没睡着也没关系，千万别给自己压力。

生理时钟自测，你是哪种?

熊型生物钟（约55%）

通常会在早上7点或8点左右自然醒来，生产力在早上和下午早些时候达到顶峰（上午10点持续到下午2点）。在这段时间里，他们可以专注于深度工作。

特点：外向、乐观、温和，适应传统办公。

狼型生物钟（约15%）

大部分富有成效和创造性的工作都是在晚上完成，而不是在早上。

特点：更内向、更自省，有些不走寻常路，有自己的工作节奏。

狮子型生物钟（约15%）

他们比大多数人醒得早，大约六七点起床对他们来说是舒适的，紧接着他们最好的工作状态就开始了，最佳的时间是在早上8点到中午12点。最好的就寝时间是晚上10点左右，他们要是晚上睡不好，第二天就会昏昏沉沉，效率低下，整个下午都会感到筋疲力尽。

特点：成就出众、有进取心。

海豚型生物钟（约10%）

以上三种没有一种符合自己或者三种都符合自己。在焦虑和睡眠紊乱方面问题最大，但他们比其他生理时钟类型的人更灵活、更有创造力。在午夜到早上6点之间睡得最好，在上午10点左右最有效率。而且，他们会发现晚上很难再让大脑停止工作。

特点：高度聪明并伴有警觉，但有失眠的倾向，有点注意力不集中或头脑混乱。

训练篇

唤醒身体，提高精力水平，让我们的一天有一个良好的开端。

7分钟晨练法

30秒开合跳	30秒单腿上椅	30秒原地高抬腿
30秒背靠墙静蹲	30秒深蹲	30秒弓箭步
30秒俯卧撑	30秒背椅仰卧撑	30秒俯卧侧转
30秒仰卧起坐	30秒平板支撑	30秒侧平板支撑

⊙ 选择户外徒步、骑行，短时慢跑，室内原地跑，在客厅里跳操，在跑步机上跑步或踩动感单车。

⊙ 选择快速的有氧运动，如跳绳或健美操。

⊙ 选择最喜欢的自重训练，如普拉提。

⊙ 高强度间歇训练（HIIT）。

⊙ 耐力训练。

⊙ 运动前后都要做拉伸。

呼吸法

腹式呼吸：一口气 长呼 分3次吸入 分6次吐出

盒式呼吸：吸气4秒 憋气4秒 呼气4秒

冥想

无论选择怎样的姿势，只要能够确保我们舒适地保持30分钟。

● 静坐冥想　● 跪膝法冥想　● 站立冥想

背部不要弯曲，用鼻子吸气，呼吸要深而缓，放松整个身体。

修复细胞线粒体

疲劳不是变老的常态，而是细胞水平上功能受损的标志。

学会将线粒体功能发挥到极致，就意味着我们的认知功能变得更好，注意力更集中，肌肉更强壮，复原时间更快，衰老的速度更缓慢，而且精力更充沛。

损伤特征

● 纤维肌痛　　　● 慢性疲劳综合征
● 甚至霉菌毒素引起的慢性炎症反应等

方法

1. 注意饮食。精制碳水化合物和过量的糖是"线粒体毒素"。杜绝暴饮暴食、吸烟和饮酒。
2. 合理使用营养补充剂：PQQ补充剂、甘油磷脂补充剂。
3. 坚持锻炼，HIIT尤其有帮助。
4. 远离环境毒素：烟草烟雾（二手烟）、重金属和污染，考虑使用滤水器，食用有机水果和蔬菜。
5. 冷疗法：比如每次淋浴快结束时用尽可能冷的水快速冲一下，30到90秒就可以奏效。打造家庭冷疗室。
6. 热疗法：在蒸汽室或桑拿房进行热疗。但近期有备孕计划的男性要慎重。

认知重构，打败现代社会中的怪兽

你是否陷入自我挫败型思维？

1 非此即彼的思维　2 自责式思想　3 过度概化

4 灾难化思维　5 妄下结论　6 情绪化推理　7 破坏性比较

记录ABC思想日记

A 激发事件

⊙ 听到一首老歌，让我们想起曾经亲密的人

⊙ 在街上偶遇一位老友

⊙ 被主管批评

⊙ _____

⊙ _____

B 信念

⊙ "我当时在想什么？"

⊙ "事情发生的时候，我脑子里闪现的是什么？"

⊙ _____

⊙ _____

C 结果

从最基本的情绪开始：悲伤、高兴、疯狂和害怕，然后扩展到其他的情绪。可以选择使用简单的描述感觉的词汇，如 "焦虑""不悦""恶心""恐慌""忧郁""困惑"等。

⊙ _____

远离有毒的人

他们不一定只是表演型或消极的人，也可能是总事事占先却让我们善后的人。

标志

非常消极   喜欢评判   令人讨厌   总是贬低

抱怨或发牢骚   总做最坏解读

怎么做

- 明确边界：然后建立一个不容侵犯的边界。拉开距离。礼貌地转变话题。选择结束那些只会让我们失去乐观情绪的对话。
- 密切关注自己的情绪状态：要有同情心但不要有负罪感，警惕别把别人的问题当做自己的问题。
- 尽量不要卷入他们消极的细节中，而要成为一股积极力量，支持他们而不是支持他们的消极情绪。

说不的力量

学会说"不"，"不"，就是一句完整的话。

别再内耗，把精力还给自己

处理压力

慢性压力：会让我们时刻保持警觉和生理唤醒，让人身心俱疲，还会导致大脑萎缩。

急性压力：指当有人超车差点相撞或当我们陷入激烈争吵时所经历的肾上腺素飙升，是瞬时而短暂的，剧烈的急性压力甚至会导致头痛、肌肉紧张、胃部不适或呕吐。如果持续存在且持续时间较长，就可能会突破界限，成为慢性压力。

运动三定律的妙用

第一定律：解决拖延症
第二定律：将精力用在正确的方向
第三定律：生产力和非生产力在起作用

将正念练习变成我们的日常"充电"仪式

让我们的大脑从一切可能的事务中抽离出来，减少思维精力的损耗。

处理选择悖论

拒绝做"布里丹之驴"的方法

· 立即选定一个默认选项，如果没有其他更好的选择，就用它。

· 争取尽可能去满足自己的欲望，以满足为目标。

"

听从自己的身体，找到
到自己精力的高峰时段，提
前将不太重要和要求不高的
任务安排到高峰窗口期外

"

"

拥有了精力，世界就是
我们的。
　　我们就有了抓住世界的
精气神儿和凭恃。

让每一次精力重启，都为你的成长加冕